suitable for primary school

小学版

优秀中小学科创教材

基于STEM教育理念·PBL项目式学习方式编写

创造性思维及其培养

东莞市教育局教研室　编著

南方日报出版社
NANFANG DAILY PRESS
中国·广州

图书在版编目（CIP）数据

创造性思维及其培养：小学版 / 东莞市教育局教研室编著．— 广州：南方日报出版社，2020.8（2021.6重印）

ISBN 978-7-5491-2156-4

Ⅰ.①创… Ⅱ.①东… Ⅲ.①创造性思维—能力培养—小学—教学参考资料 Ⅳ.①G622.0

中国版本图书馆CIP数据核字（2020）第006600号

CHUANGZAO XING SIWEI JIQI PEIYANG XIAOXUE BAN

创造性思维及其培养·小学版

编　　著：东莞市教育局教研室
出版发行：南方日报出版社
地　　址：广州市广州大道中289号
出 版 人：周山丹
责任编辑：方　明　曹　星
责任校对：肖　颖
责任技编：王　兰
经　　销：全国新华书店
印　　刷：广州市尚铭印刷股份有限公司
开　　本：787 mm × 1092 mm　1/16
印　　张：10
字　　数：130千字
版　　次：2020年8月第1版
印　　次：2021年6月第2次印刷
定　　价：30.00元

投稿热线：（020）87360640　　读者热线：（020）87363865

编 委 会

主　　　　编：黄振余

副　主　编：卢名远　李　敏　詹伟达

主要编写人员：李　敏　刘为淼　朱柏霖

李　玲　韦　杰　刘昌波

前　言

小创是一个爱动脑筋的小学生，被班里的同学们称作“小发明家”，科学老师也赞他有“创造性思维能力”。

小创不好意思地摸着头问老师：“什么是‘创造性思维能力’？”

科学老师笑着回答：“创造性思维能力指思维活动的创造意识和创新精神，不墨守成规，奇异、求变，表现为创造性地提出问题和创造性地解决问题。”

小创开心地表示认同：“我从小就特别喜欢观察身边各种各样的现象，然后不停地问爸爸妈妈‘为什么’。不仅如此，我还会帮爸爸妈妈想各种办法！”

老师接着介绍道：“创造性思维具有流畅性、灵活性、细致性、原创性四个特征。流畅性指在一个问题上产生大量想法或多个解决方案的能力，这可以通过‘想出一定量的创意需要多长时间’来测试；灵活性指基于不同概念产生各种创意的能力，这可以通过‘在想出许多创意的同时，有多少创意是不同于其他创意的’来衡量；细致性指应用更多细节来升华一个创意的能力，包括添加其他创意以扩展现有的创意，或者修饰和升华一个创意让它变得更加完善，或者添加更多细节使其更完整；原创性指产生独特或不寻常的想法，以及把事情置于不寻常的新情况的能力。”说到这里，老师又特别指出，“创造性思维不是与生俱来的，而是后天认真思考、培养锻炼出来的。”

小创听得似懂非懂，不过老师的话让他坚定了信心，他又问老师：“老师，我长大了就想当‘发明家’，您有什么诀窍能教教我吗？”

科学老师想想说：“有一个超级发明术，就是 TRIZ（发明问题的解决理论）的 40 个发明原理。它是以苏联发明家根里奇·阿奇舒勒为首的研究团队，通过对大量发明专利进行分析和提炼后形成的关于如何发明创造的方法论。目前被认为是最全面、系统的论述发明和实现技术创新的新理论。你想学习吗？”

小创一听更开心了，原来还真有！

于是，老师向小创介绍了 TRIZ 的 40 个发明原理，并让小创从中选出一部分，结合平时的观察和思考，尝试创造性地解决日常生活中的问题。老师说，这就走出了实现 “发明家”梦的第一步。

你也想跟小创一样具有“创造性思维”吗？那就跟着他一起进入本书中的创意世界吧！

目录

第一章 创意家居

日常的琐碎小事，生活中的点点滴滴，只要用心观察，积极开动脑筋，就能用自己的创意让你的家变得更温馨、更舒适，也更有趣。

第一节 分割原理：可组合大床

思维启蒙

小创的困扰

小创从小个子高，近来更是长得快，眼看着原来的床已经快睡不下了。爸爸打算给他买张新的大床。由于电梯小、楼道窄，床搬不上去，只能从阳台用绳子吊上去（如图 1-1 所示），非常麻烦。大床放进去后，小创的房间一下子就小了很多，书柜也被挪走了，生活学习变得很不方便。

图 1-1 用绳子把家具吊上楼

同学们，你们是否也有和小创类似的经历？对此，你们有什么想法？

1. ______________________________；

2. ______________________________。

下面，让我们一起来分析几个例子，看看是否能从中获得启发，找到解决小创困扰的办法吧！

案例鉴赏

案例 1：定制家具

图 1-2　定制家具组件

同学们，你们知道吗？购买家具，除了去商场购买成品，还可以请设计师上门定制呢。设计师会根据你家里的情况，如成员数量、生活习惯、居室环境等，设计出符合个性需求的家具，并且能把室内空间尽可能地利用起来。通常，定制家具会以组件的形式运输到现场，再进行拼装（如图 1-2 所示）。

案例 2：组合椅子

图 1-3　组合椅子

如果家里来了很多客人，椅子不够坐了怎么办？看看图 1-3 的这套组合椅子吧。它可以根据需要拆分成多张椅子，使用后又可以组合在一起，节省空间。

案例 3：组合储物架

如图 1-4 所示，这是一套设计巧妙的组合家具。分开就是两把椅子和一张桌子，合并之后就变成一个储物架，用户可根据需求自由转换。

图 1-4　组合储物架

分析与归纳

让我们一起来对前面的案例进行分析、归纳，并将结果填到表 1-1 中吧。

表 1-1

案　例	解决问题的方法
定制家具	
组合椅子	
组合储物架	
三个案例的共同点：	

方法提炼

前面的几个案例，其实都是用了 TRIZ 发明原理中的“分割”原理。

通过“分割”原理，我们可以把物体分成容易组装和拆卸的几个部分，通过组合后进行利用，如定制家具；也可以把物体分成拥有独立功能的几个部分，从而达到更好地利用空间或其他目的，如组合椅子、组合储物架。

学以致用

明确任务

同学们，我们已经学习了“分割”这一发明原理。下面，我们就利用这个原理来解决小创的困扰吧。

任务

设计一款便于搬运，能最大程度利用空间的床。

组建团队

请你运用“分割”原理，围绕上述任务与同学们交流看法，找到与你一拍即合的小伙伴，一起组成团队进行头脑风暴，并选出本次头脑风暴的主持人。

收集资料

请和你的小组成员一起讨论如何收集资料，并将分工及任务目标等情况填到表 1–2 中。你们可以到家具城进行实地考察，或者通过网络检索、图书馆查阅了解与家具设计有关的资料，也可以通过调查访谈了解情况。

表 1–2

分 工	小组成员	任务目标
实地考察		
资料查阅		
调查访谈		

请把你收集到的资料进行整理，填写到表1–3中，然后把实地拍摄的照片或者网上下载的图片打印出来，粘贴在表格中指定的位置。

表1–3

收集方式	
收集到的资料	
图片1粘贴处	
图片2粘贴处	

头脑风暴

由主持人主持，小组成员轮流发表观点。要用心倾听每个人的发言，并将他们的创意亮点记录到表 1–4 中。

表 1–4

小组成员	创意亮点

创意呈现

请在你记录的创意亮点中选出你最喜欢的一个，完成表 1–5 的创意方案。你可以独立完成，也可以找到和你创意相同的同学一起完成。

表 1–5

设计主题			
作　者		班　级	
设计图粘贴处			

交流提升

创意分享

你可以选择自己喜欢的方式，分享你的创意，如：

1. 在班上向同学们介绍你的设计；
2. 利用硬卡纸制作一个可组合大床的模型。

创意评价

请利用表 1–6 对你的创意进行评价。

表 1–6

评价维度	评价星级（涂色）
创意数量	☆☆☆☆☆
创意方案	☆☆☆☆☆
创意分享	☆☆☆☆☆

创意完善

请仔细审视大家提出的意见，对自己的创意进行修改完善，直到满意为止。

思维拓展

知识拓展

知识点：头脑风暴

头脑风暴是指无限制的自由联想和讨论，其目的在于产生新观念或激发创新设想。参与头脑风暴，应注意：（1）禁止批评和评论，不要出现“这根本行不通”“你这想法太陈旧了”“这是不可能的”“这不符合某某定律”以及“我提一个不成熟的看法”“我有一个不一定行得通的想法”等语句；（2）创意数量越多越好；（3）要巧妙地利用和改善他人的设想；（4）独立思考，不私下交头接耳，以免干扰别人；（5）畅所欲言，任意想象；（6）不以多数人的意见阻碍个人新的观点的产生，激发个人追求更多更好的主意。

一般来说，头脑风暴的步骤如下：

主持人明确讨论主题，强调头脑风暴的基本原则

↓

参会人员自由发言，做好创意记录

↓

整理合并相同、相近的观点，由主持人进行组内分享

↓

补充发言，基于现有成果提出新想法

↓

完善记录内容

应用拓展

请同学们想一想，我们还可以利用“分割”原理解决身边的哪些实际问题？如：

1. 新型书桌；

2. ______________________________；

3. ______________________________；

4. ______________________________。

第二节 动态特性原理：会“跑”的闹钟

思维启蒙

小创的困扰

近几天冷空气来袭，最温暖舒适的就是被窝了。星期一的早晨，闹钟响起，小创伸手把闹钟按停，继续蒙头大睡，直到爸爸催了好几遍才手忙脚乱地起了床。爸爸尝试买了各种不同款式、种类的闹钟（如图1–5所示）来叫醒他，可是效果似乎都不佳。

图 1–5　闹钟

同学们，你们也有睡懒觉的习惯吗？你们家里的闹钟能不能把你们“叫”醒呢？

1. ____________________________________；

2. ____________________________________。

下面，让我们一起来分析几个例子，看看是否能从中获得启发，找到解决小创困扰的办法吧！

案例鉴赏

案例 1：扶手电梯

现在，大部分商场都有扶手电梯，如图 1-6 所示。扶手电梯是让原来不动的梯级“移动”起来。行人站在扶梯上面，随着梯级上升或下降，毫不费力地到达另一楼层，上、下楼梯十分轻松。

图 1-6　扶手电梯

案例 2：跑步机

图 1-7　跑步机

很多小区公共区域较小，人们想要锻炼却没有合适的跑步空间，跑步机的出现解决了这个问题，如图 1-7 所示。跑步机通过电机带动履带运转，让脚下的“路”动起来，从而实现在“原地”跑步的目的。利用占地空间很小的一台跑步机，人们就可以不受天气、环境的影响，随时进行跑步锻炼。

案例 3：扫地机器人

现在有一种会自己移动的“扫把”，它就是扫地机器人。扫地机器人又称自动打扫机、智能吸尘器等，是智能家用电器的一种，如图 1-8 所示。扫地机器人经过设定和信息采集，可以实现对环境的识别，然后自己“动起来”，通过刷扫和真空吸纳的方式，将地面杂物吸入自带的垃圾收纳盒中，从而完成地面清扫。

图 1-8 扫地机器人

发现更多案例

你还能联想到更多类似的案例吗？请说一说。

分析与归纳

让我们一起来对前面的案例进行分析、归纳，并将结果填到表 1–7 中吧。

表 1–7

案　例	解决问题的方法
扶梯电梯	
跑步机	
扫地机器人	
三个案例的共同点：	

方法提炼

前面的几个案例，其实都是用了 TRIZ 发明原理中的“动态特性”原理。

通过“动态特性”原理，我们可以将原来不动的物体变为可动的，从而实现某个目的或功能，如会自己移动的扫地机器人。

学以致用

明确任务

同学们，我们已经学习了“动态特性”这一发明原理，下面，我们就利用这个原理来解决小创的困扰吧。

任务

设计一款让小创不再睡懒觉的闹钟。

组建团队

请你运用“动态特性”原理，围绕上述任务与同学们交流看法，找到与你一拍即合的小伙伴，一起组成团队进行头脑风暴，并选出本次头脑风暴的主持人。

收集资料

请和你的小组成员一起讨论如何收集资料，并将分工及任务目标等情况填到表 1-8 中。你们可以到闹钟商场或文具店进行实地考察，或者通过网络检索、图书馆查阅了解与闹钟设计有关的资料，也可以通过调查访谈了解情况。

表 1-8

分　工	小组成员	任务目标
实地考察		
资料查阅		
调查访谈		

请把你收集到的资料进行整理，填写到表 1–9 中，然后把实地拍摄的照片或者网上下载的图片打印出来，粘贴在表格中指定的位置。

表 1–9

收集方式	
收集到的资料	
图片 1 粘贴处	
图片 2 粘贴处	

头脑风暴

由主持人主持，小组成员轮流发表观点。要用心倾听每个人的发言，并将他们的创意亮点记录到表 1–10 中。

表 1–10

小组成员	创意亮点

创意呈现

请在你记录的创意亮点中选出你最喜欢的一个，完成表 1–11 的创意方案。你可以独立完成，也可以找到和你创意相同的同学一起完成。

表 1–11

<table>
<tr><td>设计主题</td><td colspan="3"></td></tr>
<tr><td>作　者</td><td></td><td>班　级</td><td></td></tr>
<tr><td colspan="4">设计图粘贴处</td></tr>
</table>

交流提升

创意分享

你可以选择自己喜欢的方式，分享你的创意，如：

1. 在班上向同学们介绍你的设计；
2. 以“会跑的闹钟”为主题绘制一幅科幻画。

创意评价

请利用表 1–12 对你的创意进行评价。

表 1–12

评价维度	评价星级（涂色）
创意数量	☆ ☆ ☆ ☆ ☆
创意方案	☆ ☆ ☆ ☆ ☆
创意分享	☆ ☆ ☆ ☆ ☆

创意完善

请仔细审视大家提出的意见，对自己的创意进行修改完善，直到满意为止。

思维拓展

知识拓展

知识点：会电击的闹钟

同学们，你们知道吗？有一位印度少年发明了一种会电击的闹钟：闹钟响起时，按下按钮，就会有 1 伏特的电流瞬间通过人体，让手指头微微发麻，使人清醒。

应用拓展

请同学们想一想，我们还可以利用“动态特性”原理解决身边的哪些实际问题？如：

1. 能适应不同身高的同学使用的课桌椅；

2. ______________________________；

3. ______________________________；

4. ______________________________。

第三节 颜色改变原理：变色器具

思维启蒙

小创的困扰

小创听说邻居家的小弟弟嘴被烫伤了，所以要和妈妈去看望他。原来小弟弟口渴了，自己去接了杯热水来喝(如图 1-9 所示)，谁知水太烫，就被烫伤了。看到小弟弟又红又肿的嘴唇，小创很心疼，心想："有没有什么可以避免小孩子烫伤的办法呢？"

图 1-9　小朋友自己喝水

同学们，你们或者身边的小伙伴是不是也有在喝水、吃饭或洗澡时被烫伤的经历？对此，你们有什么想法？

1. ____________________；

2. ____________________。

下面，让我们一起来分析几个例子，看看是否能从中获得启发，找到解决小创困扰的办法吧！

案例鉴赏

案例 1：电饭锅

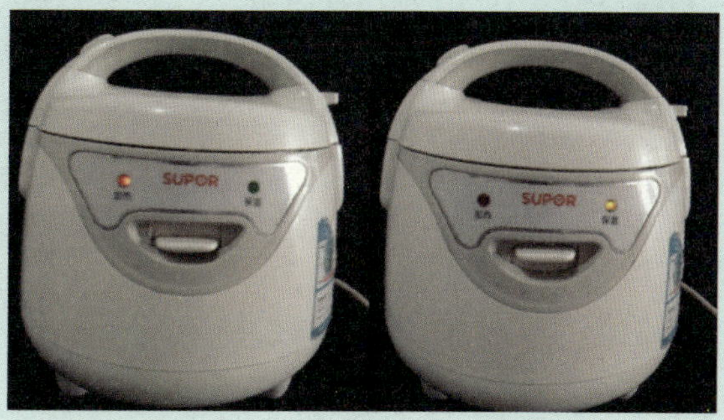

图 1-10 电饭锅指示灯的变化

电饭锅的普及使得煮饭变得既方便又快捷。一般的电饭锅都有两个指示灯，如图 1-10 所示。煮饭时红色的加热指示灯亮起，饭煮熟后进入保温状态，此时加热指示灯熄灭，绿色的保温指示灯亮起。通过指示灯的颜色变化，人们可以很容易地辨别“煮饭”和“保温”这两种不同的状态。

案例 2：纸尿裤

现在许多小宝宝都会穿纸尿裤。一般纸尿裤的中间都有尿显条，如图 1-11 所示，尿湿前是黄色，尿湿后是绿色。爸爸妈妈们就可以通过尿显条颜色的变化来判断是否需要给小宝宝更换新的纸尿裤，从而避免因尿湿引起的红屁股或湿疹问题。

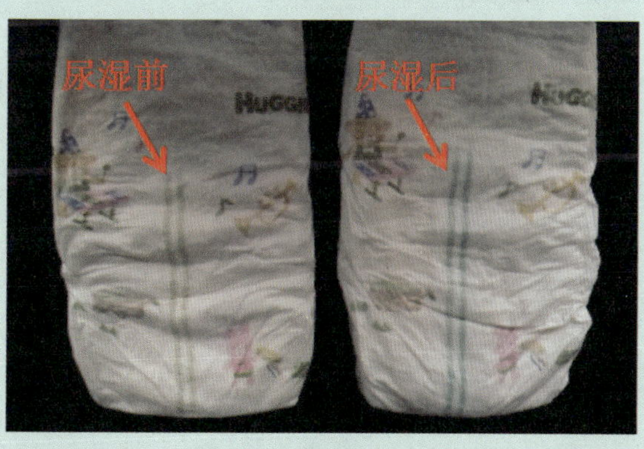

图 1-11 尿湿前后尿显条的颜色变化

案例 3：彩色斑马线

图 1-12　彩色斑马线

近年来，许多地方都用彩色斑马线代替了原来的黑白斑马线。如图 1-12 所示，彩色斑马线由两种或多种颜色组成。通过鲜艳的色彩使人行横道与普通道路区分开来，提醒司机注意避让行人。同时，色彩斑斓的斑马线能够引起孩子们的兴趣，降低他们在斑马线外行走、随意斜穿马路的概率。

发现更多案例

你还能联想到更多类似的案例吗？请说一说。

分析与归纳

让我们一起来对前面的案例进行分析、归纳，并将结果填到表 1-13 中。

表 1-13

案　例	解决问题的方法
电饭锅	
纸尿裤	
彩色斑马线	
三个案例的共同点：	

方法提炼

前面的几个案例，其实都是用了 TRIZ 发明原理中的“颜色改变”原理。

通过“颜色改变”原理，我们可以使人们快速分辨环境发生的变化，从而提示人们去关注这些变化，以起到提醒和警示的作用，如电饭锅指示灯、纸尿裤尿显条、彩色斑马线、交通警察衣服上的荧光条等；我们还可以通过改变物体或环境的透明度来实现新的功能，如玻璃幕墙可以增加室内的光照度，透明锅盖便于人们观察食物烹饪情况等。

学以致用

明确任务

同学们，我们已经学习了“颜色改变”这一发明原理，下面，我们就利用这个原理来解决小创的困扰吧。

任务

设计一款可以帮助人们快速判断水温从而避免烫伤的器具。

组建团队

请你运用“颜色改变”原理，围绕上述任务与同学们交流看法，找到与你一拍即合的小伙伴，一起组成团队进行头脑风暴，并选出本次头脑风暴的主持人。

收集资料

请和你的小组成员一起讨论如何收集资料，并将分工及任务目标等情况填到表 1–14 中。你们可以到商场或母婴店进行实地考察，或者通过网络检索、图书馆查阅了解与变色器具设计有关的资料，也可以通过调查访谈了解情况。

表 1–14

分　工	小组成员	任务目标
实地考察		
资料查阅		
调查访谈		

请把你收集到的资料进行整理，填写到表 1–15 中，然后把实地拍摄的照片或者网上下载的图片打印出来，粘贴在表格中指定的位置。

表 1–15

收集方式	
收集到的资料	
图片 1 粘贴处	
图片 2 粘贴处	

头脑风暴

由主持人主持，小组成员轮流发表观点。要用心倾听每个人的发言，并将他们的创意亮点记录到表 1–16 中。

表 1–16

小组成员	创意亮点

创意呈现

请在你记录的创意亮点中选出你最喜欢的一个，完成表 1–17 的创意方案。你可以独立完成，也可以找到和你创意相同的同学一起完成。

表 1–17

设计主题			
作　者		班　级	
设计图粘贴处			

交流提升

创意分享

你可以选择自己喜欢的方式，分享你的创意，如：

1. 在班上向同学们介绍你的设计；

2. 请根据你的设计并结合预防烫伤的安全知识，制作一份手抄报。

创意评价

请利用表 1–18 对你的创意进行评价。

表 1–18

评价维度	评价星级（涂色）
创意数量	☆☆☆☆☆
创意方案	☆☆☆☆☆
创意分享	☆☆☆☆☆

创意完善

请仔细审视大家提出的意见，对自己的创意进行修改完善，直到满意为止。

思维拓展

知识拓展

知识点：感温变色材料

感温变色材料，又称为温变材料，它是一种随温度上升或下降而反复改变颜色的新科技环保材料。通常低温有色，高温无色；或低温一种颜色，高温变成另外一种颜色。感温变色材料已经在工业，尤其是高新技术领域得到广泛应用。

应用拓展

请同学们想一想，我们还可以利用“颜色改变”原理解决身边的哪些实际问题？如：

1. 儿童防溺水装置；
2. ______________________________；
3. ______________________________；
4. ______________________________。

第四节 多功能性原理：野营背包

思维启蒙

小创的困扰

暑假，小创一家准备去野营。妈妈在收拾东西的时候，发现要带的东西很多，有充电宝、手电筒、水壶、雨伞、帐篷、防潮垫、衣服、食物、洗漱用品、随身药品等等（如图 1–13 所示），用了三个背包才勉强装下这些物品。可是，背着这么多东西参加活动真不方便。

图 1–13　野营需要带的物品

同学们，你们有过相同的经历吗？对此，你们有什么想法？

1. ______________________________；

2. ______________________________。

下面，让我们一起来分析几个例子，看看是否能从中获得启发，找到解决小创困扰的办法吧！

案例鉴赏

案例 1：地拖鞋

图 1–14 是一款地拖鞋，它的底部是防滑的绒毛，穿着舒适，走路没有噪声，同时还具备拖把的功能。一边走一边擦地板，不知不觉就把地板拖干净了，既省时又省力。

图 1–14　地拖鞋

案例 2：两用梯凳

图 1–15　两用梯凳

图 1–15 是一款设计巧妙的两用梯凳。它可以根据人们的需求，变成一张梯子或一把椅子。

案例 3：电话手表

电话手表的出现方便了很多家长。如图 1–16 所示，电话手表既可以显示时间，又可以像手机一样拨打或接听电话，同时还具有定位、计算等多种功能。

图 1–16　电话手表

分析与归纳

让我们一起来对前面的案例进行分析、归纳，并将结果填到表 1-19 中吧。

表 1-19

案 例	解决问题的方法
地拖鞋	
两用梯凳	
电话手表	
三个案例的共同点：	

方法提炼

前面的几个案例，其实都是用了 TRIZ 发明原理中的“多功能性”原理。

通过“多功能性”原理，我们可以使一个物品具有多种不同的功能，从而减少物品的数量，达到节约空间、方便携带或其他目的，如电话手表同时具有电话、手表、计算器的功能。

学以致用

明确任务

同学们，我们已经学习了“多功能性”这一发明原理，下面，我们就利用这个原理来解决小创的困扰吧。

任务

设计一个具有多种功能的野营背包。

组建团队

请你运用“多功能性”原理，围绕上述任务与同学们交流看法，找到与你一拍即合的小伙伴，一起组成团队进行头脑风暴，并选出本次头脑风暴的主持人。

收集资料

请和你的小组成员一起讨论如何收集资料，并将分工及任务目标等情况填到表 1–20 中。你们可以到商场或文具店进行实地考察，或者通过网络检索、图书馆查阅了解与野营背包设计有关的资料，也可以通过调查访谈了解情况。

表 1–20

分　工	小组成员	任务目标
实地考察		
资料查阅		
调查访谈		

请把你收集到的资料进行整理，填写到表 1–21 中，然后把实地拍摄的照片或者网上下载的图片打印出来，粘贴在表格中指定的位置。

表 1–21

收集方式	
收集到的资料	
图片 1 粘贴处	
图片 2 粘贴处	

头脑风暴

由主持人主持，小组成员轮流发表观点。要用心倾听每个人的发言，并将他们的创意亮点记录到表 1–22 中。

表 1–22

小组成员	创意亮点

创意呈现

请在你记录的创意亮点中选出你最喜欢的一个，完成表 1–23 的创意方案。你可以独立完成，也可以找到和你创意相同的同学一起完成。

表 1–23

<table>
<tr><td>设计主题</td><td colspan="3"></td></tr>
<tr><td>作　者</td><td></td><td>班　级</td><td></td></tr>
<tr><td colspan="4">设计图粘贴处</td></tr>
</table>

交流提升

创意分享

你可以选择自己喜欢的方式，分享你的创意，如：

1. 在班上向同学们介绍你的设计；
2. 利用废旧背包、衣服、布料制作一个多功能野营背包。

创意评价

请利用表 1–24 对你的创意进行评价。

表 1–24

评价维度	评价星级（涂色）
创意数量	☆☆☆☆☆
创意方案	☆☆☆☆☆
创意分享	☆☆☆☆☆

创意完善

请仔细审视大家提出的意见，对自己的创意进行修改完善，直到满意为止。

思维拓展

知识拓展

知识点：防水面料

防水面料是一种新型的纺织面料，其成分由高分子防水透气材料（PTFE 膜）加上复合面料成。一般的防水技术是将面料表面经防水剂处理，或是面料表面涂塑、涂 PU（聚氨酯，一种有机高分子材料）、涂 PVC（聚氯乙烯，一种有机高分子材料）、涂 PA（聚酰胺，俗称尼龙，一种有机高分子材料）等后，使面料具有防水性，常用于防水夹克衫、伞布、帐篷布、箱包布、浴帘布等。

应用拓展

请同学们想一想，我们还可以利用“多功能性”原理解决身边的哪些实际问题？如：

1. 能适应多种环境的近视眼镜；

2. ________________________________；

3. ________________________________；

4. ________________________________。

第二章 智慧城市

随着科技发展日新月异，我们所在的城市正在发生变化。在城市里生活的你，有没有观察到本章要涉及的这些变化？其实，只要多看、多想，你也可以用自己的创意为智慧城市的建设增添更多的亮点。

第一节　一维变多维原理：立体停车

思维启蒙

小创的困扰

今天是星期天，小创一大早就起床了，因为爸爸昨天答应要带他去东莞植物园放风筝。小创兴高采烈地将巨型鲨鱼风筝放进车里，妈妈还准备了很多好吃的。可是，到了目的地，爸爸却发现东莞植物园的停车场都停满了车（如图 2–1 所示），进不去了。他们又在周围兜了好久，也没有找到可停车的地方，只好闷闷不乐地回家了。这件事情让小创很不开心。

图 2–1　东莞植物园停车场

同学们，你们有过相同的经历吗？对此，你们有什么想法？

1. ______________________________；

2. ______________________________。

下面，让我们一起来分析几个例子，看看是否能从中获得启发，找到解决小创困扰的办法吧！

案例鉴赏

案例 1：鞋架

人们一般都会根据不同的场合选择穿不同类型的鞋，如皮鞋、运动鞋、休闲鞋、凉鞋等，有的人还会根据衣服的款式、颜色来进行搭配。因此都会有多双不同款式、不同类型的鞋。那些暂时不需要穿的鞋，我们一般会如何放置呢？为了不把鞋摆放得满地都是，一般家里都会有一个鞋架。如图 2-2 所示，有了鞋架，大家就可以把鞋分层摆放，不需要再占用很多的地方了。

图 2-2　鞋架

案例 2：立交桥

图 2-3　立交桥

等红灯是一件很花时间的事情，每一位司机都希望自己能够更快速地通过交叉路口。如图 2-3 所示，为了减少大家等红灯的时间，尽量不造成塞车，政府会在一些车流量比较大的路段修建立交桥，让不同方向的车行驶在不同层面的桥梁上，互不相扰。

案例 3：农作物种植棚

你知道吗？农民伯伯会搭建一种专门用来种植农作物的棚，如图 2-4 所示。他们通过控制棚里面的温度、湿度、光照等条件，种植出原本在不同季节才能长成的蔬菜、水果。不过，这种棚的大小有限，为了提高产量，农民伯伯们还会根据不同农作物的特性，如高秆与矮秆、富光与耐阴等，尽可能地利用棚里面的空间进行种植。

图 2-4　农作物种植棚

发现更多案例

你还能联想到更多类似的案例吗？请说一说。

分析与归纳

让我们一起来对前面的案例进行分析、归纳，并将结果填到表 2-1 中吧。

表 2-1

案 例	解决问题的方法
鞋架	
立交桥	
农作物种植棚	
三个案例的共同点：	

方法提炼

前面的几个案例，其实都是用了 TRIZ 发明原理中的“一维变多维”原理。

通过“一维变多维”原理，我们可以把平面的东西做成立体或多层结构的，如前面提到的立交桥；也可以将物体倾斜或侧向放置，如利用书架把书立着放、翻斗车通过倾斜车斗将沙石等装载物卸载；还可以把原来“单面”的东西做成“双面”的，从而达到更好地利用空间或其他目的，如可以正反穿的外套。

学以致用

明确任务

同学们，我们已经学习了“一维变多维”这一发明原理，下面，我们就利用这个原理来解决小创的困扰吧。

任务

帮东莞植物园设计一个停车场改造方案，使停车场可以停放更多的车。

组建团队

请你运用“一维变多维”原理，围绕上述任务与同学们交流看法，找到与你一拍即合的小伙伴，一起组成头脑风暴的团队，并选出本次头脑风暴的主持人。

收集资料

请和你的小组成员一起讨论如何收集资料，并将分工及任务目标等情况填到表 2–2 中。你们可以到东莞植物园进行实地考察，或者通过网络检索、图书馆查阅了解与停车场设计有关的资料，也可以通过调查访谈了解情况。

表 2–2

分　工	小组成员	任务目标
实地考察		
资料查阅		
调查访谈		

请把你收集到的资料进行整理，填写到表2–3中，然后把实地拍摄的照片或者网上下载的图片打印出来，粘贴在表格中指定的位置。

表2–3

收集方式	
收集到的资料	
图片1粘贴处	
图片2粘贴处	

头脑风暴

由主持人主持，小组成员轮流发表观点。要用心倾听每个人的发言，并将他们的创意亮点记录到表 2–4 中。

表 2–4

小组成员	创意亮点

创意呈现

请在你记录的创意亮点中选出你最喜欢的一个，完成表 2–5 的创意方案。你可以独立完成，也可以找到和你创意相同的同学一起完成。

表 2–5

设计主题			
作　者		班　级	
设计图粘贴处			

交流提升

创意分享

你可以选择自己喜欢的方式，分享你的创意，如：

1. 在班上向同学们介绍你的设计；
2. 利用硬纸板制作一个立体停车场的模型。

创意评价

请利用表 2–6 对你的创意进行评价。

表 2–6

评价维度	评价星级（涂色）
创意数量	☆☆☆☆☆
创意方案	☆☆☆☆☆
创意分享	☆☆☆☆☆

创意完善

请仔细审视大家提出的意见，对自己的创意进行修改完善，直到满意为止。

思维拓展

知识拓展

知识点：全球第一款立体停车场

立体停车场是指利用空间资源，把车辆进行立体停放，节约土地并最大化利用的新型停车场。立体停车场最大的优势就在于它们能够充分利用城市空间，被称为城市空间的“节能者”。图 2–5 所示是全球诞生最早的一款立体停车场，1930 年安装在芝加哥，从这张黑白图片可以看到，这个立体停车场一共有 10 层，每层都可以停放一辆汽车。当车主停好车以后，可以从消防梯直接进入办公区域上班，节省了大量的时间。

图 2–5　最早的立体停车场

知识点：暴涨的汽车数量

你们知道吗？截至 2019 年底，东莞的汽车保有量已经超过了 300 万辆！在广东省内排名第二，仅次于深圳。汽车数量逐年增长，也意味着大家今后找不到停车位的情况会越来越多。

应用拓展

请同学们想一想，我们还可以利用“一维变多维”原理解决身边的哪些实际问题？如：

1. 共享单车的停放问题；
2. ______________________；
3. ______________________；
4. ______________________。

第二节 借助中介物原理：高楼逃生

思维启蒙

小创的困扰

随着建筑技术的发展，城市里的楼房越建越高。一天晚上，小创在电视上看到一则高楼火灾的新闻报道（如图 2-6 所示）。因为是中间的楼层着火，楼层较高的人无法及时逃生，导致多人死亡，对人们的生命和财产造成了严重危害。

图 2-6　高楼火灾

小创看到新闻后非常痛心，心想："要是有什么办法可以帮助人们快速逃离，或者把住在高层的人救出来就好了。"

同学们，你们有学习过在火灾、地震等灾难中安全逃生的知识吗？对于高楼逃生，你们有什么想法？

1. ______________________________；
2. ______________________________。

下面，让我们一起来分析几个例子，看看是否能从中获得启发，找到解决小创困扰的办法吧！

案例鉴赏

案例 1：云梯消防车

在高层建筑发生火灾时，由于水压不足，地面的消防栓无法完成救火，这时消防员就会借助云梯消防车进行灭火和救援。如图 2-7 所示，云梯消防车上设有伸缩式云梯，前端带有升降斗转台和灭火装置。

图 2-7　云梯消防车

不同消防车的云梯长短不一，目前国内最长的云梯达到 90 米，约 30 层楼高。云梯伸出后，消防人员就可以借助升降斗转台进行高层灭火救援。

案例 2：登山防护绳

登山是很多人喜欢的一项运动，它有益于增强体质，锻炼意志力，但同时也容易出现坠落等意外。因此，登山时人们通常会做好防护措施，如使用登山防护绳。如图 2-8 所示，登山者可以借助登山防护绳，通过使用各种辅助绳结进行自我保护，展开上升、下降和保护等登山技术。

图 2-8　登山防护绳

案例3：绝缘手套

同学们，我们都知道触电是很危险的事情。但你们知道吗？在一些特殊情况下，技术人员不得不在没有断电的情况下进行电路维修或其他作业。这时，就需要用到绝缘手套来完成工作。如图2-9所示，绝缘手套又叫高压绝缘手套，是用不导电的天然橡胶材料制成的。穿上它，技术人员的手就会和电隔离开，不会直接接触到带电物品，从而起到保护的作用。

图2-9 绝缘手套

发现更多案例

你还能联想到更多类似的案例吗？请说一说。

分析与归纳

让我们一起来对前面的案例进行分析、归纳，并将结果填到表 2-7 中吧。

表 2-7

案　例	解决问题的方法
云梯消防车	
登山防护绳	
绝缘手套	
三个案例的共同点：	

方法提炼

前面的几个案例，其实都是用了 TRIZ 发明原理中的“借助中介物”原理。

通过“借助中介物”原理，我们可以达成一些原本不能直接达成或很难达成的目标，如借助云梯消防车进行高层灭火救援，利用模具制作零件；或者进行一些原本带有危险性的操作，如借助登山防护绳进行攀岩，借助绝缘手套带电作业等。

学以致用

明确任务

同学们，我们已经学习了“借助中介物”这一发明原理，下面，我们就利用这个原理来解决小创的困扰。

任务

设计一个高楼逃生的装置或方案。

组建团队

请你运用“借助中介物”原理，围绕上述任务与同学们交流看法，找到与你一拍即合的小伙伴，一起组成团队进行头脑风暴，并选出本次头脑风暴的主持人。

收集资料

请和你的小组成员一起讨论如何收集资料，并将分工及任务目标等情况填到表 2–8 中。你们可以到高层建筑进行实地考察，或者通过网络检索、图书馆查阅了解与传送带设计有关的资料，也可以通过调查访谈了解情况。

表 2–8

分　工	小组成员	任务目标
实地考察		
资料查阅		
调查访谈		

请把你收集到的资料进行整理，填写到表 2-9 中。然后把实地拍摄的照片或者网上下载的图片打印出来，粘贴在表格中指定的位置。

表 2-9

收集方式	
收集到的资料	
图片 1 粘贴处	
图片 2 粘贴处	

头脑风暴

由主持人主持，小组成员轮流发表观点。要用心倾听每个人的发言，并将他们的创意亮点记录到表 2-10 中。

表 2-10

小组成员	创意亮点

创意呈现

请在你记录的创意亮点中选出你最喜欢的一个，完成表 2-11 的创意方案。你可以独立完成，也可以找到和你创意相同的同学一起完成。

表 2-11

设计主题			
作　者		班　级	
设计图粘贴处			

交流提升

创意分享

选择自己喜欢的方式，分享你的创意，如：

1. 举办一场创意发布会；
2. 以“高楼逃生”为主题绘制一幅科幻画。

创意评价

请利用表 2-12 对你的创意进行评价。

表 2-12

评价维度	评价星级（涂色）
创意数量	☆☆☆☆☆
创意方案	☆☆☆☆☆
创意分享	☆☆☆☆☆

创意完善

请仔细审视大家提出的意见，对自己的创意进行修改完善，直到满意为止。

思维拓展

应用拓展

请同学们想一想，我们还可以利用“借助中介物”原理解决身边的哪些问题？如：

1. 农民摘高度比较高的水果，如芒果、荔枝等；

2. ____________________；

3. ____________________；

4. ____________________。

第三节 多孔材料原理：城市防积水

思维启蒙

小创的困扰

2018年9月，强台风“山竹”袭击东莞。台风带来的强降雨使很多地方严重积水，给人们出行带来了很大的不便（如图2-10所示）。看到很多关于积水的新闻报道，小创心想：“有没有办法让水可以更快速地排掉呢？”

图2-10 强降雨造成地面积水

同学们，你们有没有观察过积水现象？对于积水问题，你们有什么想法？

1. ______________________________；

2. ______________________________。

下面，让我们一起来分析几个例子，看看是否能从中获得启发，找到解决小创困扰的办法吧！

案例鉴赏

案例 1：赵州桥

赵州桥是我国著名的一座石拱桥，距今已有 1400 多年的历史。赵州桥长 37.4 米，整体呈圆弧形，如图 2-11 所示，在大拱的两肩各有两个小拱，这是非常巧妙的设计——不仅节约石料，减轻了桥身的重量，而且在河水暴涨时还可以增加桥洞的过水量，减轻洪水对桥身的冲击。

图 2-11　赵州桥

案例 2：植草砖

图 2-12　植草砖

为了增加城市的绿化面积，很多室外停车场都会使用植草砖进行地面铺设。如图 2-12 所示，植草砖的中间留孔都会种植绿草。由于绿草的根部生长在植草砖下面，因此不会受到行人踩踏或车辆碾压。

案例 3：电器散热孔

电器的芯片、电机等在工作时都会发热，使电器内部温度升高，容易造成机器损害。因此，人们通常会在电器的外壳上设计散热孔。如图 2-13 所示，散热孔可以让电器内部的热量散发出去，起到保护电器元件，延长使用寿命的作用。

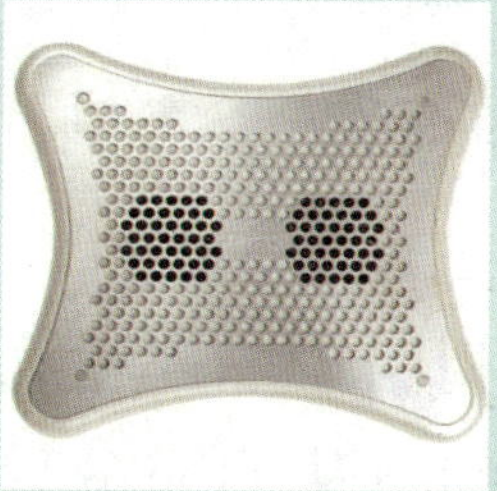

图 2-13　电器散热孔

分析与归纳

让我们一起来对前面的案例进行分析、归纳，并将结果填到表 2-13 中吧。

表 2-13

案　例	解决问题的方法
赵州桥	
植草砖	
电器散热孔	
三个案例的共同点：	

方法提炼

前面几个案例，都是运用了 TRIZ 发明原理中的“多孔材料”原理。

利用“多孔材料”原理，我们可以将物体或物体的一部分变为多孔的，从而充分发挥孔隙结构的优势，起到节省材料、减轻重量或其他作用，如某些飞机机翼采用蜂窝结构材料；或者使物品具有透气性、透水性，如电器外壳的散热孔。

学以致用

明确任务

同学们，我们已经学习了“多孔材料”这一发明原理，下面，我们就利用这个原理解决小创的困扰吧。

任务

设计一个快速排水，防止地面积水的装置或方案。

组建团队

请你运用“多孔材料”原理，围绕上述任务与同学们交流看法，找到与你一拍即合的小伙伴，一起组成团队进行头脑风暴，并选出本次头脑风暴的主持人。

收集资料

请和你的小组成员一起讨论如何收集资料，并将分工及任务目标等情况填到表 2–14 中。你们可以对生活中的积水现象进行实地考察，或者通过网络检索、图书馆查阅了解与排水设计有关的资料，也可以通过调查访谈了解情况。

表 2–14

分　工	小组成员	任务目标
实地考察		
资料查阅		
调查访谈		

请把你收集到的资料进行整理，填写到表2-15中，然后把实地拍摄的照片或者网上下载的图片打印出来，粘贴在表格中指定的位置。

表2-15

收集方式	
收集到的资料	
图片1粘贴处	
图片2粘贴处	

头脑风暴

由主持人主持，小组成员轮流发表观点。要用心倾听每个人的发言，并把其中的创意亮点记录在表 2–16 中。

表 2–16

小组成员	创意亮点

创意呈现

请你在记录的创意亮点中选出你最喜欢的一个，完成表 2–17 的创意方案。你可以独立完成，也可以找到和你创意相同的同学一起完成。

表 2–17

设计主题			
作　者		班　级	
设计图粘贴处			

交流提升

创意分享

你可以选择自己喜欢的方式，分享你的创意，如：

1. 在班上向你的同学介绍你的设计；
2. 通过网络分享你的创意，如微博、朋友圈。

创意评价

请利用表 2–18 对你的创意进行评价。

表 2–18

评价维度	评价星级（涂色）
创意数量	☆☆☆☆☆
创意方案	☆☆☆☆☆
创意分享	☆☆☆☆☆

创意完善

请仔细审视大家提出的意见，对自己的创意进行修改完善，直到满意为止。

思维拓展

知识拓展

知识点：混凝土透水砖

如图 2-14 所示，混凝土透水砖是一种利用河沙、水泥、水，再添加一定比例的透水剂而制成的混凝土制品，它具有良好的透水、透气性能，可使雨水迅速渗入地下，补充土壤水和地下水，保持土壤湿度，改善城市地面植物和土壤微生物的生存条件；同时可减轻城市排水和防洪压力，使马路不积水，对防止公共水域的污染和处理污水具有良好的效果。混凝土透水砖被广泛用于高速路、飞机场跑道、车行道、人行道、广场及园林建筑等的建设中。

图 2-14　混凝土透水砖

应用拓展

请同学们想一想，利用“多孔材料”原理还可以解决生活中哪些问题？如：

1. 衣服的透气问题；

2. ______________________________；

3. ______________________________；

4. ______________________________。

第四节 有效持续作用原理：道路巧疏导

思维启蒙

小创的困扰

图2-15　一边堵得动不了，一边车辆却很少

尽管小创的家离学校不远，但他每天都得早早起床，因为去学校的路上总会堵车。遇到高峰期，原本 20 分钟的车程，常常要花上近 1 个小时。小创观察到，在同一个路段，两边的车道经常出现一个方向堵得动不了，相反方向却没几辆车的情况（如图 2-15 所示）。小创心想：“有没有办法把车道更好地利用起来，从而减少堵车的情况？”

同学们，你们是否也注意到这个现象？对此，你们有什么想法？

1. ________________________________；
2. ________________________________。

下面，让我们一起来分析几个例子，看看是否能从中获得启发，找到解决小创困扰的办法吧！

案例鉴赏

案例 1：共享单车

如图 2–16 所示，共享单车出现在越来越多的城市里。由于只要扫码就能使用，所以共享单车可以在不同用户中流转，让资源得到更高效的使用。

图 2–16　共享单车

案例 2：错时共享车位

白天很多住宅小区的停车场都会有部分车位空置，而到了晚上，则有很多企事业单位的停车场出现车位空置。针对这一现象，很多停车场推出了“错时共享”服务，即白天住宅小区的车位对附近企事业单位开放，晚上企事业单位的停车场对周边小区居民开放，如图 2–17、2–18 所示。这样，使停车位得到更好的利用，解决了很多人停车难的问题。

图 2–17　错时共享车位

图 2–18　错时共享车位

案例3：潮汐车道

图2-19　潮汐车道

潮汐车道就是可变车道，是交通部门根据不同时段（如早晚）车流量变化情况，在有条件的道路上，设置一个或多个随时段变化而改变车辆行驶方向的车道。

一般来说，每天早晨进城方向车流量大，经常出现拥堵现象，出城方向车流量小；晚上则情况相反。如图2-19所示，我们可通过指示灯的变化控制主干道上某一车道的行驶方向，从而增加车流量大的方向的车道数，减少相反方向的车道数，使道路资源得到更高效的利用。

发现更多案例

你还能联想到更多类似的案例吗？请说一说。

分析与归纳

让我们一起来对前面的案例进行分析、归纳，并将结果填到表 2–19 中吧。

表 2–19

案　例	解决问题的方法
共享单车	
错时共享车位	
潮汐车道	
三个案例的共同点：	

方法提炼

前面三种案例，都是运用了 TRIZ 发明原理中的“有效持续作用”原理。

通过“有效持续作用”原理，使物体的功能得以持续不断地发挥，从而提高成效，如错时共享车位、潮汐车道等；也可以从时间、顺序等方面建立连续的流程，达到减少或消除空闲时段的目的，如快递公司通过适当调度，使货车在送货运输过程中少跑空车，从而提高货车的利用率。

学以致用

明确任务

同学们，我们已经学习了“有效持续作用”这一发明原理，下面，请利用这个原理来解决小创的困扰吧。

任务

帮交警叔叔们设计一个道路疏导方案，解决道路“一边堵得动不了，一边车辆却很少”的问题。

组建团队

请你运用“有效持续作用”原理，围绕上述任务与周围的同学交流看法，找到与你一拍即合的小伙伴，组成团队进行头脑风暴，并选出本次头脑风暴的主持人。

收集资料

请和你的小组成员一起讨论如何收集资料，并将分工及任务目标等情况填到表 2–20 中。你们可以到附近常堵车的路口进行实地考察，或者通过网络检索、图书馆查阅了解与解决道路堵车设计有关的资料，也可以通过调查访谈了解情况。

表 2–20

分　工	小组成员	任务目标
实地考察		
资料查阅		
调查访谈		

请把你收集到的资料进行整理，填写到表 2-21 中，然后把实地拍摄的照片或者网上下载的图片打印出来，粘贴在表格中指定的位置。

表 2-21

收集方式	
收集到的资料	
图片 1 粘贴处	
图片 2 粘贴处	

头脑风暴

由主持人主持，小组成员轮流发表观点。要用心倾听每个人的发言，并将他们的创意亮点记录到表 2-22 中。

表 2-22

小组成员	创意亮点

创意呈现

请在你记录的创意亮点中选出你最喜欢的一个，完成表 2-23 的创意方案。你可以独立完成，也可以找到和你创意相同的同学一起完成。

表 2-23

设计主题			
作　者		班　级	
设计图粘贴处			

交流提升

创意分享

你可以选择自己喜欢的方式，分享你的创意，如：

1. 在班上向同学们介绍你的设计；
2. 以“智能交通”为主题绘制一幅科幻画。

创意评价

请利用表 2–24 对你的创意进行评价。

表 2–24

评价维度	评价星级（涂色）
创意数量	☆☆☆☆☆
创意方案	☆☆☆☆☆
创意分享	☆☆☆☆☆

创意完善

请仔细审视大家提出的意见，对自己的创意进行修改完善，直到满意为止。

思维拓展

知识拓展

知识点：堵车浪费资源

你们知道吗？堵车会浪费大量运输资源，并使运输效率降低，消耗社会成本。据有关数据反映：中国每年因交通拥堵造成的损失约1700亿元，并逐年上升；美国因交通堵塞，平均每年造成的经济损失高达631亿美元；中国香港每年由此造成的经济损失高达3亿多美元。

知识点：智能红绿灯

如图2-20所示，智能红绿灯根据传感器与摄影机传回当前路段的车辆信息数据，调节不同时间段红灯、绿灯的停留时间，可以有效地提高城市中心区域车辆的通行率，减少交通信号灯的空放时间，以此来达到提高道路承载力，保障行人、车辆安全迅速地通过交叉路口的目的，这就使得红绿灯的切换更加符合实际需要，为人们的出行提供了便利。

图2-20　智能红绿灯

应用拓展

请同学们想一想，我们还可以利用“有效持续作用”原理解决身边的哪些实际问题？如：

1. 景区节假日人山人海，平时却寥寥无几的问题；
2. ______________________；
3. ______________________；
4. ______________________。

第三章 建设祖国

我们的祖国正日益强大。相信很多同学都有当科学家、工程师、设计师等等的理想，长大后可以投身祖国建设。那么，为什么不从现在就开始呢？让我们一起运用创造性思维，为建设祖国，实现中国梦，贡献更多的创意吧！

第一节 廉价替代品原理：极地造物

思维启蒙

小创的困扰

小创在书上看到了一篇故事：有一支探险队到南极考察，被困在一个孤岛上，等待救援。由于打火器失效，生不了火，队员们都快被冻僵了。就在这个生死关头，一名探险队员用冰制作了一个“冰透镜”（如图 3–1 所示），并利用它点燃了火。

图 3–1　冰透镜

南极考察是一件极其艰苦，甚至有生命危险的重要任务。由于环境恶劣，物资运输不便，考察人员能使用的资源很少。小创从故事中获得灵感：南极到处都是冰，我们是不是能用它作为材料来制作房屋、工具等，帮助考察人员解决一些生活、工作中的问题？

同学们，你们了解冰的特性吗？对于小创的突发奇想，你们有什么想法？

1. ____；

2. ____。

下面，让我们一起来分析几个例子，看看是否能从中获得启发，找到解决小创困扰的办法吧！

案例鉴赏

案例 1：夹板

如图 3-2 所示，夹板又叫多层实木板，由三层或多层一毫米厚的单板或薄板胶贴热压制而成，多被用在家具制造、室内装修、住宅建筑等。尽管在坚固耐用方面不如完整木材制成的实木板，但相对低廉的价格还是受到了更多消费者的青睐。

图 3-2　夹板

案例 2：一次性医疗用品

如图 3-3 所示，一次性医疗用品是指在出厂之前经过严格消毒灭菌，检验合格，使用一次之后就丢弃的医疗用品。这些一次性医疗用品不仅廉价，还可降解，它的出现改变了以往消毒的烦琐程序，节省人力物力，降低了医疗成本。

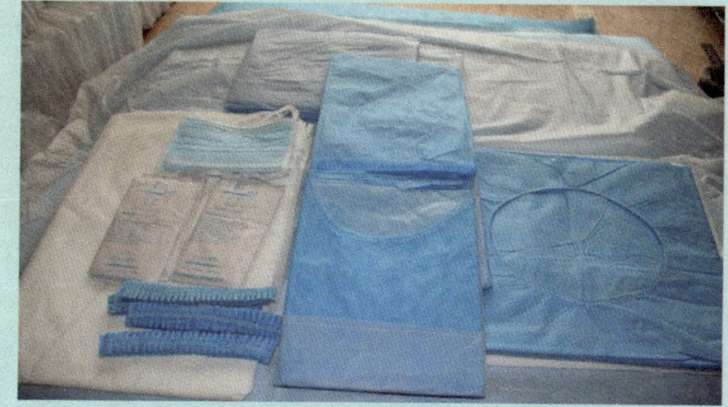

图 3-3　一次性医疗用品

案例 3：打印出来的房子

同学们，你们知道 3D 打印技术吗？利用这项技术不仅可以打印一些生活中的小物品，还可以打印一栋大房子呢，我们一起来看看吧。如图 3-4 所示，苏州这幢别墅就是采用无人机扫描技术将一个四合院扫描下来，通过计算机 3D 建模软件建模，进行打印设置，工作原理和传统的打印机一样。其中，墙体材料取自建筑预料、工业垃圾等，仅 3 名工人用时 3 天就完成了打印。这幢 130 平方米的别墅造价仅用了 20 万元，折算成每平方米大约 1538 元。

图 3-4　打印出来的房子

发现更多案例

你还能联想到更多类似的案例吗？请说一说。

分析与归纳

让我们一起来对前面的案例进行分析、归纳，并将结果填到表 3-1 中吧。

表 3-1

案　例	解决问题的方法
夹板	
一次性医疗用品	
打印出来的房子	
三个案例的共同点：	

方法提炼

前面的几个案例，其实都是用了 TRIZ 发明原理中的“廉价替代品”原理。

“廉价替代品”原理是通过用便宜的物体代替昂贵的物体，放弃某些品质，以达到节约成本的目的，如夹板代替实木板、使用一次性医疗用品等。

学以致用

明确任务

同学们，我们已经学习了“廉价替代品”这一发明原理。下面，我们就利用这个原理来解决小创的困扰吧。

任务

以“冰”为材料，为南极考察队员设计可以用于生活或工作的物品。

组建团队

请你运用“廉价替代品”原理，围绕上述任务与同学们交流看法，找到与你一拍即合的小伙伴，一起组成团队进行头脑风暴，并选出本次头脑风暴的主持人。

收集资料

请和你的小组成员一起讨论如何收集资料，并将分工及任务目标等情况填到表 3–2 中。你们可以在家里制作冰块进行试验，也可以通过网络检索、图书馆查阅了解与你的设计有关的资料，也可以通过调查访谈了解情况。

表 3–2

分　工	小组成员	任务目标
试验研究		
资料查阅		
调查访谈		

请把你收集到的资料进行整理，填写到表 3–3 中，然后把实地拍摄的照片或者网上下载的图片打印出来，粘贴在表格中指定的位置。

表 3–3

收集方式	
收集到的资料	
图片 1 粘贴处	
图片 2 粘贴处	

头脑风暴

由主持人主持，小组成员轮流发表观点。要用心倾听每个人的发言，并将他们的创意亮点记录到表 3–4 中。

表 3–4

小组成员	创意亮点

创意呈现

请在你记录的创意亮点中选出你最喜欢的一个，完成表 3–5 的创意方案。你可以独立完成，也可以找到和你创意相同的同学一起完成。

表 3–5

设计主题			
作　者		班　级	
设计图粘贴处			

交流提升

创意分享

你可以选择自己喜欢的方式，分享你的创意，如：

1. 在班上向同学们介绍你的设计；
2. 利用冰块制作简单模型。

创意评价

请利用表 3–6 对你的创意进行评价。

表 3–6

评价维度	评价星级（涂色）
创意数量	☆☆☆☆☆
创意方案	☆☆☆☆☆
创意分享	☆☆☆☆☆

创意完善

请仔细审视大家提出的意见，对自己的创意进行修改完善，直到满意为止。

思维拓展

知识拓展

知识点：中国的南极考察工作

1984 年，中国首次派出由南大洋考察队、南极洲考察队、向阳红 10 号远洋科学调查船和 J121 号打捞救生船组成的南极考察编队开展考察活动，航程 26，433.7 海里，历时 142 天。向阳红 10 号曾进入南极圈内的南极半岛附近海域考察，有 36 人登上雷克鲁斯角；南大洋考察队进行了磷虾资源和环境状况的多学科调查；南极洲考察队进行了生物、地质、地貌、高层大气物理、地震、气象、测绘和海洋科学等领域的考察。

1985 年 2 月 20 日，中国首次在南极洲建立了中国南极长城站，站址在南纬 62° 12′ 59″，西经 58° 57′ 52″ 处。1989 年 2 月 26 日，又建立了中国南极中山站，其坐标为南纬 69° 22′ 24″，东经 76° 22′ 40″。到 1992 年，中国已先后开展了 9 次南极科学考察。此后，基本上每年开展一次。2009 年 1 月 27 日，中国建立了中国南极昆仑站，其坐标为南纬 80° 25′ 01″，东经 77° 06′ 58″，这也是中国首个南极内陆考察站。

应用拓展

请同学们想一想，我们还可以利用“廉价替代品”原理解决身边的哪些实际问题？如：

1. 用硬卡纸制作建筑模型；

2. ________________________；

3. ________________________；

4. ________________________。

第二节 重量补偿原理：空投物资

思维启蒙

小创的困扰

学校正在举办科技节，小创被“鸡蛋撞地球”这个项目吸引住了，他目不转睛地看着鸡蛋在各种各样的装置保护下从高空坠落。大家的创意非常多，有使用降落伞的，有绑满气球的，还有用海绵包起来的（如图 3–5 所示），但还是有很多鸡蛋碎掉了。看到这个情景，小创想起以前看过的地震救灾新闻：由于地震造成很多道路无法通行，只能用直升机运输救灾物资，并用空投的方式进行投放（如图 3–6 所示）。和碎了的鸡蛋一样，很多救灾物资也在空投的过程中损坏了。小创心想：“一定还有更好的空投方式吧！”

图 3–5　鸡蛋撞地球

图 3–6　汶川地震空投物资

同学们，你们也玩过“鸡蛋撞地球”吗？对空投物资的问题，你们有什么想法？

1. ____；

2. ____。

下面，让我们一起来分析几个例子，看看是否能从中获得启发，找到解决小创困扰的办法吧！

案例鉴赏

案例 1：竹蜻蜓

同学们，你们知道吗？竹蜻蜓是我国古代一个很有趣的发明。如图 3–7 所示，玩时，双手一搓，手一松，竹蜻蜓就会飞上天空，旋转好一会儿才会落下来。

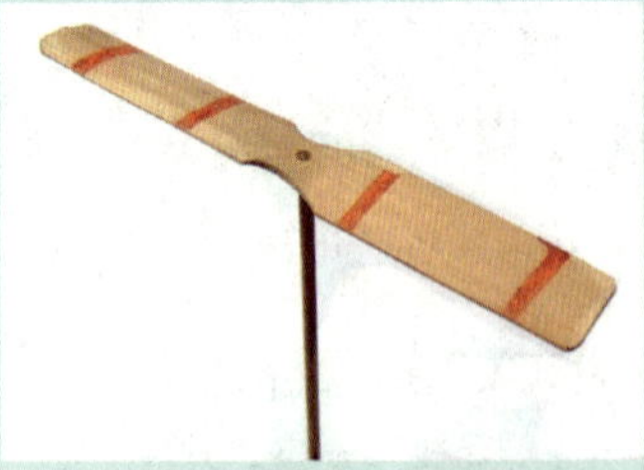

图 3–7　竹蜻蜓

为什么竹蜻蜓能飞起来？原来，竹蜻蜓的叶片和水平旋转面之间有一个倾角，旋转时，叶片将空气向下推，形成一股强风，竹蜻蜓就在空气的反作用力下获得升力。当升力大于竹蜻蜓的重量时，竹蜻蜓便可向上飞起。

案例 2：热气球

图 3-8　热气球

同学们，你们知道热气球为什么能升空吗？如图 3-8 所示，热气球球囊内的空气被加热后密度变小，质量变轻，于是产生了浮力，使热气球上升。

案例 3：降落伞

图 3-9　降落伞

同学们都见过降落伞吧，有没有亲自制作过一个呢？降落伞有一个面积很大的伞盖，主要由透气的柔性织物制成，可以产生很大的空气阻力。如图 3-9 所示，降落时，人或物体通过绳索与伞盖相连，在空气阻力的作用下，下降速度变得很慢，减轻了下坠的冲击力，让人或物体安全着陆。

分析与归纳

让我们一起来对前面的案例进行分析、归纳，并将结果填到表 3–7 中吧。

表 3–7

案　例	解决问题的方法
竹蜻蜓	
热气球	
降落伞	
三个案例的共同点：	

方法提炼

前面的几个案例，其实都是用了 TRIZ 发明原理中的“重量补偿”原理。

“重量补偿”原理是通过将某一物体与另一具有上升力的物体结合以抵消其重量，如竹蜻蜓利用反作用力上升、热气球通过产生升力而上升；或通过与环境（利用空气动力、流体动力等）的相互作用实现“重量补偿”，从而达到上升或者缓慢下降的目的，如降落伞通过空气阻力缓慢下降。

学以致用

明确任务

同学们，我们已经学习了“重量补偿”这一发明原理。下面，我们就利用这个原理来解决小创的困扰吧。

任务

设计一个尽可能不让救灾物资破损的空投装备吧。

组建团队

请你运用“重量补偿”原理，围绕上述任务与同学们交流看法，找到与你一拍即合的小伙伴，一起组成团队进行头脑风暴，并选出本次头脑风暴的主持人。

收集资料

请和你的小组成员一起讨论如何收集资料，并将分工及任务目标等情况填到表 3–8 中。你们可以制作简易空投装备进行试验，也可以通过网络检索、图书馆查阅了解与空投装备设计有关的资料，或者通过调查访谈了解情况。

表 3–8

分　工	小组成员	任务目标
试验研究		
资料查阅		
调查访谈		

请把你收集到的资料进行整理，填写到表 3-9 中，然后把实地拍摄的照片或者网上下载的图片打印出来，粘贴在表格中指定的位置。

表 3-9

收集方式	
收集到的资料	
图片 1 粘贴处	
图片 2 粘贴处	

头脑风暴

由主持人主持，小组成员轮流发表观点。要用心倾听每个人的发言，并将他们的创意亮点记录到表 3-10 中。

表 3-10

小组成员	创意亮点

创意呈现

请在你记录的创意亮点中选出你最喜欢的一个，完成表 3-11 的创意方案。你可以独立完成，也可以找到和你创意相同的同学一起完成。

表 3-11

设计主题			
作　者		班　级	
设计图粘贴处			

交流提升

创意分享

你可以选择自己喜欢的方式，分享你的创意，如：

1. 在班上向同学们介绍你的设计；
2. 利用身边的材料制作一个简易的空投装备模型。

创意评价

请利用表 3–12 对你的创意进行评价。

表 3–12

评价维度	评价星级（涂色）
创意数量	☆ ☆ ☆ ☆ ☆
创意方案	☆ ☆ ☆ ☆ ☆
创意分享	☆ ☆ ☆ ☆ ☆

创意完善

请仔细审视大家提出的意见，对自己的创意进行修改完善，直到满意为止。

思维拓展

知识拓展

知识点：伯努利原理

在水流或气流里，如果速度小，压强就大；如果速度大，压强就小。这个原理，我们称之为“伯努利原理”。

1912 年秋，当时世界上最大的远洋轮之一“奥林匹克”号与比它小得多的铁甲巡洋舰“豪克”号相撞事件，就是非常典型的“伯努利原理”案例。当时，两艘船平行着向前航行时，在两艘船中间的水比外侧的水流得快，中间水对两船内侧的压强比两船外侧的压强要小。于是，在外侧水的压力作用下，两船渐渐靠近，最后相撞。“豪克”号轻，在压力这个“大手”的推动下就跑更快些。因此，造成了“豪克”号撞击“奥林匹克”号的事故。现在航海上把这种现象也称为“船吸现象”。

如图 3-10 所示，我们可以用两张纸直观地表现出伯努利原理：将两张纸放在嘴边，对着两张纸的中间吹气，你会发现，两张纸不会分开，反而越吹越靠拢。

图 3-10　用两张纸验证“伯努利原理”

应用拓展

请同学们想一想，我们还可以利用“重量补偿”原理解决身边的哪些实际问题？如：

1. 让人飞起来的可穿戴装备；

2. ______________________________；

3. ______________________________；

4. ______________________________。

第三节 抛弃或再生原理：多级水火箭

思维启蒙

小创的困扰

小创是学校水火箭专业队的队员。图 3-11 是他制作的水火箭，但在去年学校举办的水火箭比赛中成绩一般。今年有机会再次参赛，小创希望能为班级争光，同时证明自己的能力。通过查询资料，小创了解到，火箭发射后燃料耗尽的助推器会自动脱落，重量减轻，使火箭能够加速升空，飞得更快、更高，于是他想："如果我把水火箭也设计成多级的，是不是也能发射得更高、更远呢？"。

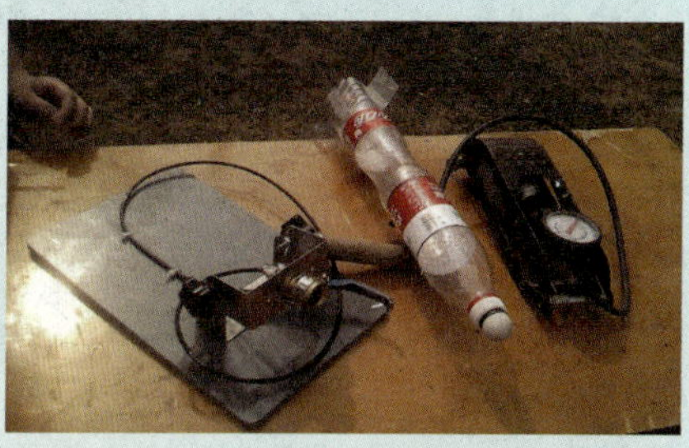

图 3-11　小创制作的水火箭

同学们，你们也制作过水火箭吗？你们了解水火箭的发射原理吗？

1. ______________________________；

2. ______________________________。

下面，让我们一起来分析几个例子，看看是否能从中获得启发，找到解决小创困扰的办法吧！

案例鉴赏

案例 1：药物的胶囊外壳

同学们，药物胶囊你们都见过吧？为什么药物要用胶囊外壳装起来呢？原来，有些药物太苦，难以入口，利用这些能迅速溶解的胶囊外壳就解决了良药苦口的问题。如图 3-12 所示，药物的胶囊外壳起到包裹药粉的作用，进入体内后就会自行溶解掉。

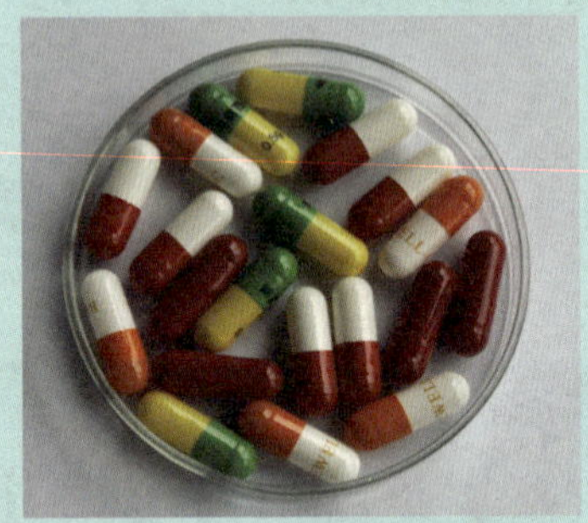

图 3-12　药物胶囊

案例 2：子弹壳

图 3-13　散落的弹壳

大家都看过枪战片，细心的同学会发现：子弹发射出去的同时，在枪的一侧还有一个东西飞出来，那就是弹壳。如图 3-13 所示，子弹壳的作用是包住火药，扣动扳机后，里面的火药被点燃，子弹就从枪膛射出，此时弹壳已经失去作用，脱落后从侧面弹出。由于子弹壳脱落减少了重量，子弹就飞得更快，射程更远了。

案例 3：多级火箭

同学们，大家都知道火箭是运输卫星的工具，但是你们了解火箭发射的过程吗？一般，火箭的箭体分为多层，每一层都安装了发动机和燃料。如图 3-14 所示，火箭从尾部最初一级开始，每级燃料用完后都会自动脱落，以减轻重量，同时下一级发动机开始工作，使飞行器继续加速前进。就这样，通过“接力”的方式将卫星送到预定的轨道上。

图 3-14　多级火箭分解过程

发现更多案例

你还能联想到更多类似的案例吗？请说一说。

分析与归纳

让我们一起来对前面的案例进行分析、归纳，并将结果填到表 3-13 中吧。

表 3-13

案 例	解决问题的方法
药物的胶囊外壳	
子弹壳	
多级火箭	
三个案例的共同点：	

方法提炼

前面的几个案例，其实都是用了 TRIZ 发明原理中的“抛弃或再生”原理。

“抛弃”原理是采用溶解、蒸发等手段，剔除已完成功能的零部件，或在系统运行的过程中修改它们，如药物的胶囊外壳进入体内后会自行溶解、子弹发射后外壳脱落、多级火箭在发射过程分离等；“再生”原理是在工作过程中迅速补充系统或物体的消耗部分，如自动铅笔。

学以致用

明确任务

同学们，我们已经学习了“抛弃或再生”这一发明原理。下面，我们就利用这个原理来解决小创的困扰吧。

任务

设计一个多级水火箭，让它飞得更高更远。

组建团队

请你运用“抛弃或再生”原理，围绕上述任务与同学们交流看法，找到与你一拍即合的小伙伴，一起组成团队进行头脑风暴，并选出本次头脑风暴的主持人。

收集资料

请和你的小组成员一起讨论如何收集资料，并将分工及任务目标等情况填到表 3–14 中。你们可以研究以往制作的水火箭，也可以通过网络检索、图书馆查阅了解与多级水火箭制作有关的资料，或者通过调查访谈了解情况。

表 3–14

分　工	小组成员	任务目标
试验研究		
资料查阅		
调查访谈		

请把你收集到的资料进行整理，填写到表 3–15 中，然后把实地拍摄的照片或者网上下载的图片打印出来，粘贴在表格中指定的位置。

表 3–15

收集方式	
收集到的资料	
图片 1 粘贴处	
图片 2 粘贴处	

头脑风暴

由主持人主持，小组成员轮流发表观点。要用心倾听每个人的发言，并将他们的创意亮点记录到表 3–16 中。

表 3–16

小组成员	创意亮点

创意呈现

请在你记录的创意亮点中选出你最喜欢的一个，完成表 3–17 的创意方案。你可以独立完成，也可以找到和你创意相同的同学一起完成。

表 3–17

<table>
<tr><td>设计主题</td><td colspan="3"></td></tr>
<tr><td>作　者</td><td></td><td>班　级</td><td></td></tr>
<tr><td colspan="4">设计图粘贴处</td></tr>
</table>

交流提升

创意分享

你可以选择自己喜欢的方式，分享你的创意，如：

1. 在班上向同学们介绍你的设计；
2. 以“多级水火箭”为主题，绘制一幅科幻画。

创意评价

请利用表 3–18 对你的创意进行评价。

表 3–18

评价维度	评价星级（涂色）
创意数量	☆ ☆ ☆ ☆ ☆
创意方案	☆ ☆ ☆ ☆ ☆
创意分享	☆ ☆ ☆ ☆ ☆

创意完善

请仔细审视大家提出的意见，对自己的创意进行修改完善，直到满意为止。

思维拓展

知识拓展

知识点：水火箭

水火箭又称气压式喷水火箭、水推进火箭，一般是利用废弃的饮料瓶制作成动力舱、箭体、箭头、尾翼、降落伞。制作时，动力舱灌入三分之一的水，利用打气筒充入空气到达一定的压力后发射。发射过程中，利用压缩空气把水从火箭尾部的喷嘴向下高速喷出，在反作用下水火箭快速上升，依靠惯性在空中飞行，像导弹一样，最后达到一定高度，在空中打开降落伞徐徐降落。

知识点：制作普通水火箭

材料：橡皮塞、气门芯、胶管、螺帽、饮料瓶、硬纸片、一次性塑料桌布、细线。

工具：美工刀、剪刀、透明胶、双面胶、电工胶布、打气筒。

制作方法：

1. 增压塞制作。用小刀切下橡皮塞较粗的一端，切口直径为2.3厘米，穿过小孔装上气门芯、胶管和螺帽，将橡皮塞用力塞进瓶口内，其露在瓶口外的部分不超过2毫米。用剪刀在饮料瓶盖中间挖一个直径约12毫米的孔，以便旋紧瓶盖时仅让气门芯露在外面。

2. 侧翼的制作。用硬纸片剪下四个侧翼，为了使火箭飞行时有较好的稳定性，侧翼必须有较高的硬度（如果纸片硬度不够，可将两片或三片粘叠在一起制作）。剪好侧翼后，将“粘贴爪”交替地折回两侧，用透明胶带对称地粘贴在火箭的下部侧面。

3. 取出其中一个可乐瓶，大约以三分之一的间距切成三等份，留下瓶口及中段部分。将第二个可乐瓶倒过来，把第一个可乐瓶的瓶口盖在第二个可乐瓶的瓶底，再把第一个可乐瓶的中段瓶身盖在第二个可乐瓶的瓶口。盖上后，用胶布粘紧，再装上侧翼（注意：太大的侧翼很重，太小的起不了平衡作用）。

4. 制作降落伞。将一张正方形的桌布对边折，再对边折，以中点为心，对折2次，用剪刀剪下多余部分，使它成圆形，贴好线。

应用拓展

请同学们想一想，我们还可以利用“抛弃或再生”原理解决身边的哪些实际问题？如：

1. 可以持久飞行的无人机；

2. ______________________________；

3. ______________________________；

4. ______________________________。

第四节 局部质量原理：探海机器人

思维启蒙

小创的困扰

海洋里有丰富的资源，深海里面的资源更是有待进一步开发。我国的海洋面积广阔，人们对海洋的探究从未停止（如图 3-15 所示）。据报道，我国的“蛟龙”号载人潜水器已能下潜到海底 7000 多米。小创看到新闻后，为祖国的强大感到自豪，心想：“深海下面的环境存在许多未知的因素，探海机器人需要具备哪些功能呢？”

图 3-15 海底探测

同学们，你有了解过海底世界的知识吗？对于深海探测，你们有什么想法？

1. ______________________________；
2. ______________________________。

下面，让我们一起来分析几个例子，看看是否能从中获得启发，找到解决小创困扰的办法吧！

案例鉴赏

案例 1：瑞士军刀

瑞士军刀是集许多工具在一个刀身上的折叠小刀。如图 3–16 所示，它一般都有主刀、小刀、铰剪、开瓶器、木锯、小改锥、拔木塞钻、牙签、小镊子等工具，一些工具还具有多种功用，如开瓶器就具有开瓶、平口改锥、电线剥皮槽三种功用。随着时代的发展，一些新兴的电子工具也被引入瑞士军刀中，如激光发射器、小电筒等。

图 3–16　瑞士军刀

案例 2：变形金刚玩具

变形金刚玩具（Transformers Toys）创始于日本，由美国孩之宝公司于 1984 年推出，种类繁多。它们可以各自变形成汽车和机器人，也可以进行组合。组合的模式主要是部队中的某个角色变形为组合机器人的躯干，而部队中的其他成员则组成躯干的手和脚。如图 3–17 所示，最早出现的博派组合部队飞行太保，可以组合成一个巨大的机器人大无畏。

图 3–17　变形金刚玩具

案例 3：立体式农业收割机

立体式农业收割机是一体化收割农作物的机械，如图 3-18 所示，它可以一次性完成收割、脱粒，并将谷粒集中到储藏仓，然后再通过传送带将粮食输送到运输车。也可用人工收割，将稻、麦等作物的禾秆铺放在田间，然后再用谷物收获机械进行捡拾脱粒。其中，收获稻、麦等谷类作物籽粒和秸秆的作物收获机械包括收割机、割晒机、割捆机、谷物联合收割机和谷物脱粒机等。

图 3-18　立体式农业收割机

发现更多案例

你还能联想到更多类似的案例吗？请说一说。

分析与归纳

让我们一起来对前面的案例进行分析、归纳，并将结果填到表 3-19 中吧。

表 3-19

案　例	解决问题的方法
瑞士军刀	
变形金刚玩具	
立体式农业收割机	
三个案例的共同点：	

方法提炼

前面的几个案例，其实都是运用了 TRIZ 发明原理中的“局部质量”原理。

“局部质量”原理是指将物体设计为由多个部分（元件）组成，并将这些不同部分（元件）赋予不同的功能，如瑞士军刀、变形金刚玩具、立体式农业收割机等；或者将物体、环境或外部作用的均匀结构变为不均匀的，以达到某种目的，如增加落地扇底部的重量使其更稳固。

学以致用

明确任务

同学们，我们已经学习了“局部质量”这一发明原理，下面，我们就利用这个原理来解决小创的困扰吧。

任务

设计一个探海机器人，让机器人适应海洋的各种环境和完成各项任务。

组建团队

请你运用“局部质量”原理，围绕上述任务与同学们交流看法，找到与你一拍即合的小伙伴，一起组成团队进行头脑风暴，并选出本次头脑风暴的主持人。

收集资料

请和你的小组成员一起讨论如何收集资料，并将分工及任务目标等情况填到表3–20中。你们可以到科技博物馆、海洋馆实地考察，也可以通过网络检索、图书馆查阅了解与探海机器人设计有关的资料，或者通过调查访谈了解情况。

表 3–20

分　工	小组成员	任务目标
实地考察		
资料查阅		
调查访谈		

请把你收集到的资料进行整理，填写到表3-21中，然后把实地拍摄的照片或者网上下载的图片打印出来，粘贴在表格中指定的位置。

表3-21

收集方式	
收集到的资料	
图片1粘贴处	
图片2粘贴处	

头脑风暴

由主持人主持，小组成员轮流发表观点。要用心倾听每个人的发言，并将他们的创意亮点记录到表 3-22 中。

表 3-22

小组成员	创意亮点

创意呈现

请在你记录的创意亮点中选出你最喜欢的一个，完成表 3-23 的创意方案。你可以独立完成，也可以找到和你创意相同的同学一起完成。

表 3-23

设计主题			
作　者		班　级	
设计图粘贴处			

交流提升

创意分享

选择一种你喜欢的方式分享你们的设计：

1. 开展创意讲解发布会；

2. 以“探海机器人”为主题绘制一幅科幻画。

创意评价

请利用表 3–24 对你的创意进行评价。

表 3–24

评价维度	评价星级（涂色）
创意数量	☆☆☆☆☆
创意方案	☆☆☆☆☆
创意分享	☆☆☆☆☆

创意完善

请仔细审视大家提出的意见，对自己的创意进行修改完善，直到满意为止。

思维拓展

知识拓展

知识点：深海资源

深海里除了有大量的海洋生物，同时还蕴藏着丰富的金属和非金属矿，如石油、天然气等。至今已发现海底蕴藏的多金属结核矿、磷矿、贵金属和稀有元素砂矿、硫化矿等矿产资源达6000亿吨。若把太平洋底蕴藏的160多亿吨多金属结核矿开采出来，其镍可供全世界使用2万年，钴可使用34万年，锰可使用18万年，铜可使用1000年。

知识点：“蛟龙探海”工程

“蛟龙探海”工程是中国在海洋领域的四个重大工程之一。“蛟龙探海”工程提出的建议目标包括：到2020年，要升级“三龙”（“蛟龙”号载人潜水器、“潜龙”系列无人无缆潜水器和“海龙”系列无人缆控潜水器）装备体系，发展新一代深海技术和提高装备制造水平；全面提升深海资源认知和勘探技术水平，以资源开发与环境管理计划等规章建设为切入点，完成矿区申请与保护区建设战略布局；完善深海生物基因资源库，推动深海生物基因产业发展。

知识点：海底可燃冰——天然气水合物

天然气水合物是分布于深海沉积物或陆域的永久冻土中，由天然气与水在高压低温条件下形成的类冰状的结晶物质。因其外观像冰一样而且遇火即可燃烧，所以又被称作“可燃冰”或者“固体瓦斯”和“气冰”，其资源密度高，全球分布广泛，具有极高的资源价值。

世界上海底天然气水合物已发现的主要分布区是大西洋海域的墨西哥湾、加勒比海、南美东部陆缘、非洲西部陆缘和美国东海岸外的布莱克海台等，西太平洋海域的白令海、鄂霍茨克海、千岛海沟、冲绳海槽、日本海、四国海槽、中国南海海槽、苏拉威西海和新西兰北部海域等，东太平洋海域的中美洲海槽、加利福尼亚滨外和秘鲁海槽等，印度洋的阿曼海湾，南极的罗斯海和威德尔海，北极的巴伦支海和波弗特海，以及大陆内的黑海与里海等。

应用拓展

同学们，请认真想一想，利用“局部质量”原理还可以设计哪些作品，如：

1. 探月机器人；

2. ______________________________；

3. ______________________________；

4. ______________________________。

第四章 保护地球

水体污染、土地沙漠化、全球气温变暖……我们共同的地球家园所面临的这些环境问题越来越严峻。要改变这个状况，需要每个人都树立“保护地球”的意识，并为之不断努力。

第一节 事先防范原理：森林火灾防范

思维启蒙

小创的困扰

2018 年 11 月，美国加州发生森林大火，肆虐 18 天后，火情才得以控制。火灾造成 86 名平民死亡，3 名消防员受伤，烧毁了 13,972 栋民房、528 栋商用房以及 4293 栋其他建筑，山火面积达 1533.36 平方千米。小创从老师那里了解到，森林大火不仅给人们的生命及财产带来巨大的损失，也会造成严重的生态破坏，如烧毁林木及林下植物资源、危害野生动物、引起水土流失、引起空气污染等。

森林火灾在世界各地都会时常发生（如图 4–1 所示），小创心想："要是能有什么预防措施大大减少深林火灾就好了。"

图 4–1　森林火灾

同学们，你们了解哪些有关防火安全的知识？对于森林火灾，你们有什么想法？

1. ______________________________；

2. ______________________________。

下面，让我们一起来分析几个例子，看看是否能从中获得启发，找到解决小创困扰的办法吧！

案例鉴赏

案例 1：防汛沙袋

防汛沙袋也叫防水沙包、抗洪沙袋、抗洪防汛沙袋，如图 4-2 所示。防汛沙袋内填充沙土，也可填充高吸水树脂。在雨季来临、发生台风水灾或进行排水工程时，将防汛沙袋放在关键区域备用，在需要的时候可以在最短时间填堵缺口、构建临时防水工事、加固防止泥土崩塌等，减少灾害造成的损失。

图 4-2 防汛沙袋

案例 2：消防水箱

图 4-3 消防水箱

一般在建筑物的楼顶都会设置消防水箱，如图 4-3 所示。它的主要作用是当发生火灾时，箱里的水靠重力自流，使消防给水管道充满水，保证消防水枪的充实水柱，节省消防水泵开启后充满管道的时间，为扑灭火灾赢得了时间。这对于扑灭初期火灾具有决定性作用。

案例 3：船上救生圈

船在水中行驶，难免会遇到沉船的危险。为保证船员和旅客的安全，人们都会在船上配备救生圈，如图 4-4 所示。它是一个会浮在水面的圆圈，是水上救灾的安全防护必备用品，是一种重要的救生设备。当有沉船危险时，船上的司乘人员能利用船上的救生圈进行逃生，这就是一种应急保护措施。

图 4-4　船上救生圈

发现更多案例

你还能联想到更多类似的案例吗？请说一说。

分析与归纳

让我们一起来对前面的案例进行分析、归纳，并将结果填到表 4-1 中吧。

表 4-1

案 例	解决问题的方法
防汛沙袋	
消防水箱	
船上救生圈	
三个案例的共同点：	

方法提炼

前面的几个案例，其实都是用了 TRIZ 发明原理中的“事先防范”原理，也称作“预补偿”原理。

“事先防范”原理是针对物体存在相对较低的可靠性，而预先准备好相应的应急措施，如在关键区域备防汛沙袋，在船上备救生圈等；或者在事物原本的情况满足不了需求时，启用相应的应急措施来完成相应的工作或任务，以降低紧急情况带来的不利影响，如在逃生通道安装应急灯，在重要设备室安装备用电源等。

学以致用

明确任务

同学们，我们已经学习了“事先防范”这一发明原理，下面，我们就利用这个原理来解决小创的困扰吧。

任务

设计一种当森林发生火灾时，能尽量减少损失的应急方案。

组建团队

请你运用“事先防范”原理，围绕“如何减少森林发生火灾时造成的损失”这一问题，与周围的同学交流看法，找到与你一拍即合的小伙伴，一起组成团队进行头脑风暴，并选出本次头脑风暴的主持人。

收集资料

请和你的小组成员一起讨论如何收集资料，并将分工及任务目标等情况填到表4–2中。你们可以到消防用品商店等进行实地考察，可以通过网络检索、图书馆查阅了解与减少火灾带来损失的设计有关的资料，也可以通过调查访谈了解情况。

表 4–2

分　工	小组成员	任务目标
实地考察		
资料查阅		
调查访谈		

请把你收集到的资料进行整理，填写到表 4–3 中，然后把实地拍摄的照片或者网上下载的图片打印出来，粘贴在表格中指定的位置。

表 4–3

收集方式	
收集到的资料	
图片 1 粘贴处	
图片 2 粘贴处	

头脑风暴

由主持人主持，小组成员轮流发表观点。要用心倾听每个人的发言，并将他们的创意亮点记录到表 4–4 中。

表 4–4

小组成员	创意亮点

创意呈现

请在你记录的创意亮点中选出你最喜欢的一个，完成表 4–5 的创意方案。你可以独立完成，也可以找到和你创意相同的同学一起完成。

表 4–5

设计主题			
作　者		班　级	
设计图粘贴处			

交流提升

创意分享

你可以选择自己喜欢的方式，分享你的创意，如：

1. 在班上向同学们介绍你的设计；

2. 根据你的创意方案，制作一张宣传手抄报，或者画一幅科幻画。

创意评价

请利用表 4–6 对你的创意进行评价。

表 4–6

评价维度	评价星级（涂色）
创意数量	☆ ☆ ☆ ☆ ☆
创意方案	☆ ☆ ☆ ☆ ☆
创意分享	☆ ☆ ☆ ☆ ☆

创意完善

请仔细审视大家提出的意见，对自己的创意进行修改完善，直到满意为止。

思维拓展

知识拓展

知识点：森林火灾产生的原因

森林火灾产生的原因分为自然原因和人为原因两大类。自然原因中，有雷电、火山爆发等触及林木引起树冠燃烧；还有在干旱季节，由于阳光的辐射强烈，使林地腐殖质层或泥炭层发生高热自燃。这类性质的森林火灾是少数的。人为引起的森林火灾是最普遍、最大量的。人为原因分为生产性原因和非生产性原因两种。生产性原因包括开荒烧杂、烧灰积肥、炼山造林、烧田埂草、烧窑、烧隔离带、采石放炮等；非生产性原因包括野外吸烟、取暖做饭、上坟烧香烧纸、故意纵火、小孩玩火等。

知识点：森林火灾会引起水土流失

森林具有涵养水源，保持水土的作用。据测算，每平方千米林地比无林地能多蓄水3000立方米，30平方千米森林的蓄水量相当于一座100万立方米的小型水库。因此，森林有“绿色水库”之美称。此外，森林树木的枝叶及林床（地被物层）的机械作用，大大减缓雨水对地表的冲击力；林地表面海绵状的枯枝落叶层不仅具有减缓雨水冲击的作用，而且能大量吸收水分；加之，森林庞大的根系对土壤的固定作用，使得林地很少发生水土流失现象。但是，当森林发生火灾过后，森林的这种功能会显著减弱，严重时甚至会消失。因此，严重的森林火灾不仅会引起水土流失，还会引起山洪、泥石流等自然灾害。

应用拓展

请同学们想一想，我们还可以利用“事先防范”原理解决身边的哪些实际问题？如：

1. 减少强台风给我们带来一些损失的问题；

2. ______________________________；

3. ______________________________；

4. ______________________________。

第二节 机械系统替代原理：身边资源少损耗

思维启蒙

小创的困扰

一天晚上，小创一家召开家庭会议。

爸爸提出："我们的房子要进行装修了。"

小创听了，挠挠头问道："爸爸，房子还好好的，为什么要装修？"

爸爸笑笑说："我们的房子已经住了快十年了。因为我们爱护得好，看起来还很新。但是在看不到的地方，电线、网线等很多线路已经老化了。如果不更换新的，这些线路可能会出现接触不良，甚至漏电、短路等安全问题。"

"别人的家里也是这样吗？"

"是的。"

听了爸爸的话，小创心想："这多浪费资源啊！要是有其他材料、方法替代这些金属导线（如图 4–5 所示）就好了。这样既节约资源，又减少安全隐患。"

图 4–5　金属导线

同学们，你们知道家里的线路有哪些类型吗？对小创的困扰，你们有什么想法？

1. ____________________；

2. ____________________。

下面，让我们一起来分析几个例子，看看是否能从中获得启发，找到解决小创困扰的办法吧！

案例鉴赏

案例 1：磁悬浮列车

如图 4–6 所示，磁悬浮列车是一种现代高科技轨道交通工具，它通过电磁力实现列车与轨道之间的无接触的悬浮和导向，再利用直线电机产生的电磁力牵引列车运行。磁悬浮列车由于其轨道的磁力使之悬浮在空中，行走时不需接触地面，因此极大地减少了阻力和摩擦力，具有高速、低噪声、环保、经济和舒适等特点。

图 4–6　磁悬浮列车

案例 2：激光切割

图 4-7　激光切割

在物体的切割中，人们通常会使用锯子。一般的锯子使用时较为耗时费力，且难以对巨大、坚硬的物体进行加工，有一定的局限性。相比之下，激光切割则能更好、更高效地完成任务。如图 4-7 所示，激光切割是利用经聚焦的高功率密度激光束照射工件，使被照射的材料迅速熔化、汽化、烧蚀或达到燃点，同时借助与光束同轴的高速气流吹除熔融物质，从而实现将工件割开的目的。

案例 3：感应自动门

图 4-8　感应自动门

感应自动门是指当人或物体靠近门时，通过红外传感等技术进行感应，进而触发控制器，实现门的自动开启和关闭。如图 4-8 所示，感应自动门不需人力去推拉，通过自动化，发展和完善了人的需要，减少了公共区域设备的损耗，延长了设备的使用寿命，被广泛应用在银行、医院、超市等人流量大的地方。

分析与归纳

让我们一起来对前面的案例进行分析、归纳，并将结果填到表 4–7 中吧。

表 4–7

案 例	解决问题的方法
磁悬浮列车	
激光切割	
感应自动门	
三个案例的共同点：	

方法提炼

前面的几个案例，其实都是用了 TRIZ 发明原理中的“机械系统替代”原理。

“机械系统替代”原理，是指利用光学、声学、电磁学或其他系统替代机械系统，如用红外感应开关代替手动开关，激光切割代替机械锯，电磁力代替列车车轮与导轨等。

学以致用

明确任务

同学们，我们已经学习了“机械系统替代”这一发明原理，下面，我们就利用这个原理来解决小创的困扰吧。

任务

设计一个能替代金属线路，减少资源浪费的方案。

组建团队

请你运用“机械系统替代”原理，围绕上述任务与同学们交流看法，找到与你一拍即合的小伙伴，一起组成团队进行头脑风暴，并选出本次头脑风暴的主持人。

收集资料

请和你的小组成员一起讨论如何收集资料，并将分工及任务目标等情况填到表 4–8 中。你们可以到装饰城、五金城等进行实地考察，也可以通过网络检索、图书馆查阅了解与替代金属线路有关的资料，还可以通过调查访谈了解情况。

表 4–8

分　工	小组成员	任务目标
实地考察		
资料查阅		
调查访谈		

请把你收集到的资料进行整理，填写到表4–9中，然后把实地拍摄的照片或者网上下载的图片打印出来，粘贴在表格中指定的位置。

表4–9

收集方式	
收集到的资料	
图片1粘贴处	
图片2粘贴处	

头脑风暴

由主持人主持，小组成员轮流发表观点。要用心倾听每个人的发言，并将他们的创意亮点记录到表 4–10 中。

表 4–10

小组成员	创意亮点

创意呈现

请在你记录的创意亮点中选出你最喜欢的一个，完成表 4–11 的创意方案。你可以独立完成，也可以找到和你创意相同的同学一起完成。

表 4–11

设计主题			
作　者		班　级	
设计图粘贴处			

交流提升

创意分享

你可以选择自己喜欢的方式，分享你的创意，如：

1. 在班上向同学们介绍你的设计；
2. 在亲朋好友的聚会上推荐你的设计。

创意评价

请利用表 4–12 对你的创意进行评价。

表 4–12

评价维度	评价星级（涂色）
创意数量	☆ ☆ ☆ ☆ ☆
创意方案	☆ ☆ ☆ ☆ ☆
创意分享	☆ ☆ ☆ ☆ ☆

创意完善

请仔细审视大家提出的意见，对自己的创意进行修改完善，直到满意为止。

思维拓展

知识拓展

知识点：上海磁悬浮列车

上海磁悬浮列车是“常导磁吸型”磁悬浮列车。上海磁悬浮列车专线西起上海轨道交通2号线的龙阳路站，东至上海浦东国际机场，专线全长29.863千米，是中德合作开发的世界第一条磁悬浮商运线，也是世界第一条商业运营的高架磁悬浮专线。

应用拓展

尝试利用“机械系统替代”原理解决生活中更多的实际问题，实现能源的有效应用，如：

1. 自行车的传动系统容易磨损，经常出现掉链子等机械故障；
2. ______________________________；
3. ______________________________；
4. ______________________________。

第三节　变害为利原理：废弃塑料再利用

思维启蒙

小创的困扰

周末，小创和妈妈去市场买菜。出门前，他特地帮妈妈带上了环保袋。可是，在市场里，小创还是发现很多人都是空手而入，买菜时都习惯让老板用塑料袋装。小创心想："老师说塑料袋埋在地下要大约100年才能腐烂，大家使用这么多塑料袋，垃圾站里堆积如山的塑料袋（如图4-9所示）难道不会对环境造成严重污染吗？"不远处正好有人焚烧垃圾，烧到塑料袋时还有一阵刺鼻的难闻气味，小创和妈妈不得不皱着眉头迅速掩鼻而逃。

图4-9　垃圾站里堆积如山的塑料袋

同学们，你们了解塑料袋的危害吗？对此，你们有什么想法？

1. ______________________________；

2. ______________________________。

下面，让我们一起来分析几个例子，看看是否能从中获得启发，找到解决小创困扰的办法吧！

案例鉴赏

案例 1：废旧电池回收利用

图 4-10　废旧电池回收箱

有些废旧电池对环境和人类健康有潜在威胁，如纽扣电池、镍氢电池、锂电池、铅酸蓄电池。许多地方都设有废旧电池回收箱，如图 4-10 所示。根据《废电池污染防治技术政策》规定，承担废充电电池和废扣式电池回收责任的单位，应该把对环境有害的废旧电池进行资源化回收，回收后的废电池应当分类批量送到具有相应资质的工厂，进行资源再生或无害化处理。回收废弃旧电池中的有害物质，如钴、镍、锰、锂、铁和铝等重金属，可以为电池生产节约原材料成本，变害为利。

案例 2：环保砖

图 4-11　环保砖

你知道吗？烧制红砖会毁坏大量的耕地，消耗大量的煤炭。我国已经在大力推广和使用环保砖替代传统烧制的红砖。如图 4-11 所示，环保砖是利用粉煤灰（电厂的污染物）、煤渣、煤矸石、尾矿渣、化工渣或天然砂、海涂泥、工业废料、垃圾焚烧炉渣等中的一种或数种作为主要原料烧制而成，它实现了把废弃物再利用的目的。

案例 3：疫苗

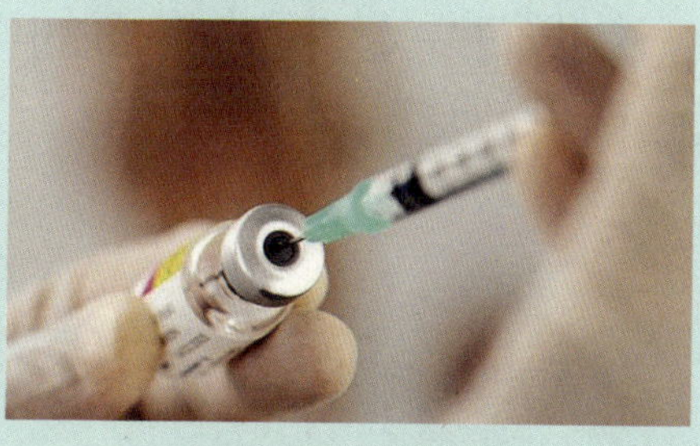

图 4-12 疫苗

小孩从出生后都需要接种各种疫苗，如图 4-12 所示。疫苗由各类病原微生物制作而成，注射到人体后，身体仿佛受到病菌入侵一样，开始产生杀死病菌的抗体，制造能够抵抗某类病菌的白细胞。种植过疫苗后，如果今后感染了同类病菌，身体便能将其迅速消灭。

发现更多案例

你还能联想到更多类似的案例吗？请说一说。

分析与归纳

让我们一起来对前面的案例进行分析、归纳，并将结果填到表 4-13 中吧。

表 4-13

案　例	解决问题的方法
废旧电池回收利用	
环保砖	
疫苗	
三个案例的共同点：	

方法提炼

前面的几个案例，其实都是用了TRIZ发明原理中的“变害为利”原理。

通过“变害为利”原理，我们可以巧妙地将有害的因素进行利用，从而获得有益的结果，如利用疫苗产生抗体，回收废旧电池中有害的重金属制造新电池等；也可以将两个有害因素相互抵消，如酸碱废弃化学品中和；还可以通过加大有害性的幅度，使有害性消失或变成有益的。

学以致用

明确任务

同学们，我们已经学习了“变害为利”这一发明原理，下面，我们就利用这个原理来解决小创的困扰吧。

任务

把垃圾站里的塑料袋合理处理，通过“变害为利”，让塑料袋得到合理的处理和再利用。

组建团队

请你运用“变害为利”原理，围绕上述任务与同学们交流看法，找到与你一拍即合的小伙伴，一起组成团队进行头脑风暴，并选出本次头脑风暴的主持人。

收集资料

请和你的小组成员一起讨论如何收集资料，并将分工及任务目标等情况填到表 4-14 中。你们可以到垃圾处理厂进行实地考察，或者通过网络检索、图书馆查阅了解与塑料袋处理有关的资料，也可以通过调查访谈了解情况。

表 4-14

分　工	小组成员	任务目标
实地考察		
资料查阅		
调查访谈		

请把你收集到的资料进行整理，填写到表 4–15 中，然后把实地拍摄的照片或者网上下载的图片打印出来，粘贴在表格中指定的位置。

表 4–15

收集方式	
收集到的资料	
图片 1 粘贴处	
图片 2 粘贴处	

头脑风暴

由主持人主持，小组成员轮流发表观点。要用心倾听每个人的发言，并将他们的创意亮点记录到表 4–16 中。

表 4–16

小组成员	创意亮点

创意呈现

请在你记录的创意亮点中选出你最喜欢的一个，完成表 4–17 的创意方案。你可以独立完成，也可以找到和你创意相同的同学一起完成。

表 4–17

设计主题			
作　者		班　级	
设计图粘贴处			

交流提升

创意分享

你可以选择自己喜欢的方式，分享你的创意，如：

1. 在班上向同学们介绍你的设计；
2. 利用手抄报的方式，展示塑料袋的合理处理方式。

创意评价

请利用表 4–18 对你的创意进行评价。

表 4–18

评价维度	评价星级（涂色）
创意数量	☆☆☆☆☆
创意方案	☆☆☆☆☆
创意分享	☆☆☆☆☆

创意完善

请仔细审视大家提出的意见，对自己的创意进行修改完善，直到满意为止。

思维拓展

知识拓展

知识点：哪些电池需要回收？

2003 年 10 月 9 日，国家环保总局出台的《废电池污染防治技术政策》指出，目前，在缺乏有效回收的技术经济条件下，不鼓励集中收集已达到国家低汞或无汞要求的废电池。也就是说随着低汞和无汞电池的投入使用，日常所用像 5 号电池和 7 号电池这类一次性干电池，都实现了无汞或低汞，是无须进行专门回收的，可以当生活垃圾丢弃。

到底哪些电池才需要回收？目前需要回收的电池主要涉及潜在环境危害大或具有资源利用价值的，主要包括以下三类：第一类是镍氢电池，也就是通常所说的可充电电池；第二类是锂电池，包括手机电池、笔记本电脑电池等；第三类是汽车、摩托车、电动自行车上的铅酸蓄电池，这类电池含有大量的铅，具有较高的资源利用价值，同时不好好回收处理就会对环境造成严重污染。

知识点：塑料“毛毯”

在美国的奥马哈，一群老奶奶把人们丢弃的塑料袋，清洗干净后织成一张张“毛毯”，送给无家可归的流浪汉过冬。流浪汉有了这条暖暖的“毛毯”，不用在寒冬中睡在冰冷的地面。图 4-13 是 80 岁的奶奶 Maia 用 600 个塑料袋编制的“毛毯”。

图 4-13　老奶奶编制的塑料“毛毯”

知识点：限塑料令

2008 年 1 月 8 日，国务院办公厅下发《关于限制生产销售使用塑料购物袋的通知》，从 2008 年 6 月 1 日起，在全国范围内禁止生产销售使用超薄塑料袋，并实行塑料袋有偿使用制度。

应用拓展

请同学们想一想，我们还可以利用“变害为利”原理解决身边的哪些实际问题？如：

1. 城市灰尘；
2. ________________________________；
3. ________________________________；
4. ________________________________。

第四节 自服务原理：点滴能源巧节约

思维启蒙

小创的困扰

小创很乐意为同学们服务。今天轮到他值日，放学后同学们都走了，他关好门窗，关了灯，锁上门，开开心心地回家了。可没想到，第二天一回到学校，却被老师批评了。原来，小创走的时候没有关饮水机和风扇。幸好巡查的保安叔叔及时发现，否则电器持续工作不但会造成浪费，还有可能引起火灾。如图 4-14 所示，我们的生活、学习离不开电，可随处浪费电、电器长时间不关电源发生事故的现象屡见不鲜，这可怎么办？

图 4-14　人走后电器未关的教室

同学们，你们或你们的家人是不是也经常有忘记随手关电的情况？对此，你们有什么想法？

1. ______________________________；
2. ______________________________。

下面，让我们一起来分析几个例子，看看是否能从中获得启发，找到解决小创困扰的办法吧！

案例鉴赏

案例 1：冰箱照明灯

同学们，你是否注意到：打开冰箱门后，里面的灯会自动开启，方便人们取放物品；将冰箱的门关上，里面的灯会自动熄灭。其原因就是将这个灯的开关与开门、关门联动起来，如图 4–15 所示的红色圆圈处。一个小小的开关被巧妙地设置后，就能既方便，又节能。

图 4–15　冰箱灯

案例 2：自行发电的自行车

图 4–16　自行发电的自行车

自行车是人们日常生活当中普遍使用的交通工具。普通的自行车由于没有照明设施，使得人们在夜间行车变得十分困难。如今，随着智能设备的增多，越来越多的智能设备也应用在自行车上，但需要给自行车提供电源。此外，当人们去野外郊游或者长期骑行时往往会遇到手机、拍照等电器设备没有电的情况，这时候也不太方便找地方充电，会造成诸多不便。

为解决上述困扰，人们发明了自行车发电装置，如图 4-16 所示，自行车在骑行时可以产生持续的电能，十分方便，既环保，还特别人性化。

案例 3：自供电感应水龙头

图 4-17 是一款自供电感应水龙头，它利用了自来水流动时的动能带动微型发电机给感应水龙头的电池充电。这种水龙头接在水管上，伸手就来水，离开就能自动关闭流水，从而有效地节约用水。

图 4-17　自供电感应水龙头

发现更多案例

你还能联想到更多类似的案例吗？请说一说。

分析与归纳

让我们一起来对前面的案例进行分析、归纳，并将结果填到表 4–19 中吧。

表 4–19

案　例	解决问题的方法
冰箱照明灯	
自行发电的自行车	
自供电感应水龙头	
三个案例的共同点：	

方法提炼

前面的几个案例，其实都是用了 TRIZ 发明原理中的“自服务”原理。

“自服务”原理是把一个物体设计成在完成主要功能的同时，还能执行辅助或维护功能，为自身服务，从而达到提高效率、节约资源等目的，如自行发电的自行车、能自动计数的跳绳等；或者利用废弃的能量与物质为自身服务，如利用热电厂余热供暖。

学以致用

明确任务

同学们，我们已经学习了“自服务”这一发明原理，下面，我们就利用这个原理来解决小创的困扰吧。

任务

设计一个应用在教室等非家居场所，能在人离开时及时提醒，或自动切断不用的电器电源的方案。

组建团队

请你运用“自服务”原理，围绕“人离开教室等非家居场所时能及时提醒，或自动切断不用的电器电源”这一问题，与周围的同学交流看法，找到与你一拍即合的小伙伴，一起组成团队进行头脑风暴，并选出本次头脑风暴的主持人。

收集资料

请和你的小组成员一起讨论如何收集资料，并将分工及任务目标等情况填到表 4–20 中。你们可以到学校各教学场室进行实地考察，或者通过网络检索、图书馆查阅了解与电器电源启闭设计有关资料，也可以通过访谈学校电工叔叔了解情况。

表 4–20

分　工	小组成员	任务目标
实地考察		
资料查阅		
调查访谈		

请把你收集到的资料进行整理，填写到表 4–21 中，然后把实地拍摄的照片或者网上下载的图片打印出来，粘贴在表格中指定的位置。

表 4–21

收集方式	
收集到的资料	
图片 1 粘贴处	
图片 2 粘贴处	

头脑风暴

由主持人主持，小组成员轮流发表观点。要用心倾听每个人的发言，并将他们的创意亮点记录到表 4–22 中。

表 4–22

小组成员	创意亮点

创意呈现

请在你记录的创意亮点中选出你最喜欢的一个，完成表 4–23 的创意方案。你可以独立完成，也可以找到和你创意相同的同学一起完成。

表 4–23

<table>
<tr><td>设计主题</td><td colspan="3"></td></tr>
<tr><td>作　者</td><td></td><td>班　级</td><td></td></tr>
<tr><td colspan="4">设计图粘贴处</td></tr>
</table>

交流提升

创意分享

你可以选择自己喜欢的方式，分享你的创意，如：

1. 在班上向同学们介绍你的设计；
2. 根据你的创意表，利用身边的材料制作一个模型。

创意评价

请利用表 4–24 对你的创意进行评价。

表 4–24

评价维度	评价星级（涂色）
创意数量	☆ ☆ ☆ ☆ ☆
创意方案	☆ ☆ ☆ ☆ ☆
创意分享	☆ ☆ ☆ ☆ ☆

创意完善

请仔细审视大家提出的意见，对自己的创意进行修改完善，直到满意为止。

思维拓展

知识拓展

知识点：抽水蓄能水电站

图 4-18 是抽水蓄能水电站，是在电力负荷低谷时（如半夜人们休息时段），即用电少的时候，将这时段水电站发出的多余电能用于抽水至上水库，在电力负荷高峰期（如白天工厂上班期间），再放水至下水库进行发电的水电站。

图 4-18 抽水蓄能水电站

知识点：1 度电的作用

同学们，你们知道吗？1 度电可将一只 25 瓦的灯泡点亮 40 小时，可将一只 11 瓦的节能灯点亮 90 小时，可供一台普通家用电冰箱运转 36 小时，可供一台普通电扇运行 15 小时，可供一台普通空调运行 1.5 小时，可将 50 千克衣服洗干净，可将 8 千克的水烧开，可看 10 小时的电视节目。节约 1 度电等于节省 0.4 千克煤和 4 升水。

应用拓展

请同学们想一想，我们还可以利用“自服务”原理解决身边的哪些实际问题？如：

1. 人们总是手机不离手，但常常出现电量不够用的问题；
2. ________________________________；
3. ________________________________；
4. ________________________________。